「教育学」ってどんなもの？

編著者 小川　佳万
　　　　三時　眞貴子

協同出版

はじめに　本書を手に取ったみなさんへ

悩み多き時期

　高校生のみなさん、こんにちは。高校生活は如何でしょうか。充実していると感じていますか。また何よりも楽しいと感じていますか。きっと答えの多くは「いいえ」、つまり否定的なものになっているのではないでしょうか。では、なぜ楽しいとは感じないのでしょうか。それは目先か、それとも遠い先かは別にして、やりたいことがいっぱいあるのに、思うようにそれが実現できないからではないでしょうか。それは夢多き年頃の特徴と言ってもよいかもしれません。若さゆえに熱くなって友達とけんかしてしまったかもしれないし、今朝は親に小言を言われて声を荒げてしまったかもしれません。また部活を一生懸命やっているのに上達せず、イライラしているかもしれません。さらには好きな子に思い切って告白したのに見事に振られてしまって落ち込んでいるかもしれません。まさに悩み多き時期だと言えます。

　ところで、高校生の本分である勉強の方はどうでしょうか。勉強しているつもりなのに成績が上がらない。そもそも勉強しようとする気力が続かない。こちらも悩みだらけです。特にあなたが今高校3年生なら、おそらく受験勉強に励んでいますね。勉強の悩みはさらに深刻なものになっているかもしれません。その悩みは受験勉強を経験した者なら誰もが理解できるものでしょう。そして、どうしようもない不安感に押しつぶされそうになっているかもしれません。そんな時、ふとこんな疑問が浮かんできませんか。そもそも「なぜ勉強しないといけないのだろうか」とか、「なぜ大学入試があるのだろうか」等々。もちろん、高校1、2年生の生徒でも学校生活においてさまざまな疑問を覚えることでしょう。「なぜこれらの教科を学ばなくてはいけないのだろう」とか、「教室の雰囲気が良くないのはなぜだろう」、「今は

高校生だけれど、将来本当に働かなくてはならないのだろうか」、「我々の前で偉そうにしている先生は、授業以外には何をしているのだろう」等々、切りがありませんね。勉強においても悩み多き年頃であることは十分理解できます。かつて私もそうでしたから。

　でも、少しだけ安心してください。こうした悩みはあなただけのものではありません。私は海外の高校でも授業をすることがありますが、先日授業後に、みなさんが持つ疑問と同じような質問を受けました。「今勉強していることは将来ほとんど役に立ちそうもないのに、何で勉強しなくてはいけないのですか」と。彼らは、「大学入試のため」という直接的な答えを抱きながらも、その一方で「役に立ちそうもない知識の量を入試で測って空しくないか」という疑問を抱いていたのです。みなさんと同じ疑問を抱いていませんか。さて、みなさんならどう答えるでしょうか。

教育学という学問分野

　こうしたみなさんの日々抱いている疑問に少しでも答えようとしたのが本書です。それがどれだけ成功しているのかはみなさんの読後感想にかかっているのですが、内容的にはどの章も興味深いものになっていると思います。もちろん、残念ながらいじめの解決に直接役立つことは書いてありませんし、恋愛成功指南の書でもありません。でも、普段の高校生活でみなさんの多くが疑問を抱きそうな内容で構成されているため、「そうそう」とか「そうだったのか」と思ってもらえる箇所が少なからずあると思います。つまり、学校生活面が中心になりますが、少しでもみなさんの高校生活に役に立つことを願って編集された書籍なのです。

　そして、もう一つの本書のねらいは、みなさんに「教育学」という学問分野に興味をもってもらうことです。実は、こうしたみなさんの疑問を（最終解決には至らないまでも）研究する学問分野が教育学なのです。だから、教育学はみなさんにとってとても身近な学問であるのですが、「国語」や「数学」という教科とは違い、まだ学んだことがないはずです。それは、学校には先生とみなさんがいて、あるいは家庭には親とみなさんがいるという状況

を少しだけ突き放して、そうした事象を第三者の立場からあれこれ考えようとする学問だからです。でも、「遠く」から見るのではなく、比較的「近いところ」から学習者（多くは子ども、時には大人も）の学びや成長を考えます。一般的な表現を使えば、子ども（時には大人も）の学びや成長をどうしたらよりよく助けられるのかを考える学問が「教育学」なのです。だからその視点は、学習者の立場から教育者（先生や親）の立場に転換していることが分かりますね。この視点の違いは大きいものです。

　「学びや成長を助ける」ということから、直ちに「いつ、何を、どのように教えたらよりよく理解してもらえるのか」という課題が出てきますね。それらは教育学の下部領域にあたる教育方法学やカリキュラム論の研究対象となります。また、学びや成長は生まれた直後から始まっています。「乳児・幼児はどんなふうに学んでいるの」という疑問を扱うのが幼児教育学です。もちろん、学習者は子どもだけとは限りません。現代は生涯学習の時代であり高齢者だって学習者になります。「大人の学びって何」、あるいは学校外教育について考えるのが社会教育学です。さらに、そもそも「学ぶとはどういうことか。教えるとは何か。コミュニケーション能力とはどんなものか」という疑問が沸いたら教育哲学の出番になります。

　次に、そうした学びを「学級あるいは学校としてどのように組織していけばいいのか」ということに関心を示すのが教育経営学ですし、そこで学ぶ「生徒間のいじめや生徒文化・学級文化」を考えたりするのが教育社会学です。また「今の学び方は昔と同じなのだろうか。昔の学校はどんな様子だったのだろうか」などの疑問は教育史の領域になりますし、「海外ではどうだろう。国際的にみたら日本の教育はどんな特徴があるのだろうか」という疑問なら比較教育学の領域です。そして、こうした学校の多数は公立であり、国や市町村が設置者となって管理され、同時に莫大な税金が投入されています。そうした状況下で「よりよい管理・運営って何」を考えるのが教育行財政学なのです。それに関連して、生徒個人からみて「何でこんなに教育にお金がかかるのだろうか」という疑問も出てくるかもしれませんが、それも研究対象になります。

さらに、現代はグローバル化の時代、外国籍の生徒がみなさんの教室で一緒に学んでいることは珍しくありませんし、実際に海外の生徒と交流している高校も多いと思います。海外の学校へ実際に留学に行った友人もいるのではないでしょうか。これからはこうした傾向がますます進んでいきますが、その際、相手を理解すること、専門用語で言えば「異文化理解」が重要になってきます。こうした状況に関連する課題や可能性を考えるのが国際教育学です。細かくみていくと、教育学にはまだまだいろんな領域があります。他にどのような領域が存在するのか、実際に教育学部のある大学のホームページにアクセスしてみましょう。きっと新たな発見があるはずです。

教育学と教育学部
　何となく教育学が分かってきたでしょうか。みなさんの予想をはるかに超えて大きな拡がりがあることに気づいたことでしょう。つまり、教育学は「教えたり学んだりしている」事象に関することなら何でも対象とし研究する学問なのです。みなさんの興味関心のあるテーマが、ここからいくつでも見つかるでしょう。乳幼児の子育ても、高齢者の学習も、障害を抱えている人に対する教育も研究対象になります。でも、その教育の中核には「発達や学びをどのように助けていくのか」があることを忘れてはいけません。そして、こうした介入は何かを押し付けるというイメージではなく（多少そういう面もありますが）、個人のもっている「よいもの」を上手く引き出してあげるというイメージであればなおさらよく、それを引き出そうとする人は親や教師、そのほか学びに関わっている人々だけではなく、学校であり、市町村であり、国であるのです。こうした諸点を研究するのが教育学という学問なのです。だから、教育学の研究者は大所高所から構えるのではなく、対象に近いところで研究したり学んだりしていく学問であるとも言えます。ワクワクしてきますね。
　ところで、教育学と言えば、みなさんはそのまま教育学部を連想しますね。そして、その教育学部は教員になりたい人が行くところだと考えます。この考えはほぼ正しいです。教育学と教員とは密接に関係しているからで

す。ただし、多少留意する必要があります。ここで整理しておかなくてはいけないことは、今、私が語っている学問としての教育学と組織としての教育学部の関係です。

　具体的に分かりやすく説明するため広島大学教育学部のケースで説明してみましょう。広島大学教育学部は、日本の教育学部のなかで最も領域の広がりのある学部で、言い換えれば「すべてがそろった」学部であると言えます。その教育学部は、第一類から第五類まで分かれていて、第一類が初等教育教員養成コースと特別支援教育教員養成コースで構成されています。ここがみなさんの考える教員養成と教育学部が密接につながっているところです。ここに在籍する学生は小学校の教員免許を取得することが卒業要件に含まれているので、小学校教員になるために必要なことを学んでいきます。次に、第二類から第四類は、教員免許の取得が卒業要件にはなっていませんが、コースの内容はみなさんが学校で学んでいる教科・科目とほぼ対応しており、実際これらコースの卒業生は中学校や高等学校の教員になっていきます。具体的に言えば、第二類が科学文化教育系で、自然系コース、数理系コース、技術・情報系コース、社会系コースで構成されています。第三類は言語文化教育系コースで、国語文化系コース、英語文化系コース、日本語教育系コース（第二言語としての日本語教育）で構成されています。第四類は生涯活動教育系で、健康スポーツ系コース、人間生活系コース、音楽文化系コース、造形芸術系コースで構成されています。確かに、これらから今みなさんが履修している教科・科目が容易に想像つきますね。ところで、みなさんの学校の先生はこのうちのどこかのコースの卒業生であることが少なくないです。実際、教員養成に伝統のある広島大学教育学部出身の教員は西日本を中心とした各県の各段階の学校に少なからず在職しています。

　さて、最後は第五類で、ここが本書でこれまで言及してきた「教育学」が含まれているところです。具体的には教育学系コースと心理学系コースに分かれているのですが、名称から分かるとおり教科・科目に対応していません。繰り返しますが、それは教育という事象をさまざまな角度から明らかにしようとする学問分野だからです。ついでに言えば、心理学系コースは教育

事象に心理学的に迫ろうとするところで、教育学同様、下部領域がいろいろ存在し、それぞれ興味深い研究が行われています。補足的に言えば、第五類は教科・科目と対応していないのですが、他の類と同様、他コースの授業を履修することで教員免許を取得することもできますので安心してください。「教科の勉強だけでなく、教育の営みそのものについても勉強してみたい」という勉学意欲に燃えるあなたにぴったりのコースです。

　どうでしょうか。教育学部のさまざまなコースやそのなかでの教育学の位置が分かってきましたね。全体からみれば、教育学部は教員養成と深い関わりのある学部です。でも、そのなかには、教員養成を目的としない、あるいは教科・科目と対応しない分野があるということをみなさんには知っておいてほしいのです。本書でこれから論じていくのはこの分野の内容ですから。

本書の構成

　さて、これから本格的に教育学の内容に入っていくのですが、以下の各章は、みなさんが感じていることを疑問文形式で取り上げています。その疑問を解きながら教育学的な見方に触れてもらうことを意図しています。そして、実は、それぞれの章は上述した教育学の下部領域を指しているのです。言い換えれば、本書は下部領域の典型的な疑問で章構成された書物なのです。それらが具体的にどのようなものかは、目次を見てもらえば分かりますが、教育学の諸領域がそれぞれの疑問に対してどう具体的に答えているのか、注意深く読んでいただければと思います。またそれぞれの章は読み切りになっていますので、どの章から読んでいただいても構いません。本書をパラパラとめくって興味のありそうなところから読んでみて下さい。面白く感じたら、ついでに隣の章も読んでみたらいかがでしょうか。編者としてすべての章を読んでいただくことを希望しますが、みなさんは勉強で忙しいと思いますので、まずは一つの章でも構いません。

　以上のとおり、本書はこれから大学進学を目指す高校生のみなさんを対象としていますが、そのみなさんを日々教え導いていらっしゃる先生方にも読んでいただければと考えています。それは、本書によって教育学の研究対象

の拡がりや最新情報に触れていただけると考えるからです。さらに言えば、大学に入りたての新入生のみなさんにも有益な内容になっていると思います。教育学がどのような学問であるのかについて初歩的な内容を知ることは教育学部の学生だけでなく、他分野の学生にも有益ではないかと考えるからです。特に他学部の学生で教職課程を履修しようと考えている人にはぜひ読んでいただければと思います。

　そして、もし本書を読んでみてさらなる疑問が湧いてきたとしたら、あなたは教育学分野に向いています。ぜひ教育学のある大学に進学して本格的に教育学を学んでください。また、本書の内容に納得できないと感じた人も、教育学研究の道に進んで本書の内容を否定するなり、発展させるなりしてください。いずれにせよ、この本がきっかけとなり、みなさんが教育学に興味をもっていただけるとしたら、我々執筆者にとってこんなに嬉しいことはありません。将来、本書の読者とどこかで直接会って議論できることを願いつつ。

　2017年5月東広島にて

編者を代表して
小川　佳万

「教育学」ってどんなもの？
目次

はじめに　本書を手に取ったみなさんへ・1

第1章　なぜ勉強しなければいけないのか？ ……………………… 11
　第1節　「常識」を「勉強」する・13
　第2節　「知らないこと」がデメリットとなる・15
　第3節　「知ること」が生活を豊かにする・18

第2章　なぜ幼児の時から学ぶのか？ …………………………… 23
　第1節　小学校以降の教育とは異なる幼児教育の特徴・24
　第2節　幼児期の豊かな経験とは何か・25
　　　　　―「箱んでハイタワー」の事例から―
　第3節　幼児期の豊かな経験を通して「目標を達成する力」を育む・28
　第4節　幼児期の豊かな経験を通して「協働する力」を育む・29
　第5節　幼児期の豊かな経験を通して「情動を調整する力」を育む・30
　第6節　社会・情動的スキルが人生成功の鍵となる・31

第3章　なぜ教科で学ぶのか？ …………………………………… 37
　第1節　「教科」で学ぶ意味って？・38
　　　　　―「教科」で学ばないことの意味―
　第2節　「教科」とは何だろうか？・41
　　　　　―「教科」成立の展開と構成―
　第3節　「なぜ教科で学ぶのか」ってどういう問い？・48

第4章　先生はいつも何をしているのか？ ……………………… 53
　第1節　学校の先生の仕事を俯瞰する・54
　第2節　先生は教える"専門職"である・59
　第3節　先生も学び続けている・62

第5章　なぜ教室は息苦しいのか？ ……………………………………… 67
　　第1節　不登校は問題なのか？・68
　　第2節　いじめは深刻なのか？・71
　　第3節　教室の生きにくさ・74

第6章　いじめは「自尊心」と関係があるのか？ …………………… 79
　　第1節　近年のいじめ問題・80
　　第2節　なぜ「自尊心」に注目するのか・81
　　第3節　調査内容・83
　　第4節　調査結果・84

第7章　なぜコミュニケーション能力が必要なのか？ ………… 93
　　第1節　「キャラ」を演じる？・94
　　第2節　なぜコミュニケーション能力が必要なのか？・95
　　第3節　コミュニケーション能力がないと問題なの？・99
　　　　　　―「発見」される発達障害―
　　第4節　コミュニケーション能力を飼い馴らす?!・103

第8章　なぜ国際理解教育が必要なのか？ ……………………………107
　　第1節　国際理解教育の提唱・108
　　　　　　―世界平和を目指すユネスコの国際理解教育―
　　第2節　「グローバル化」に対応するために・111
　　第3節　「多文化社会」を生きるために・114
　　第4節　現在と未来の「持続可能な開発」のために・116
　　第5節　「グローバル市民」であるために・118

第9章　なぜ大学入試はあるのか？ ………………………………………123
　　第1節　伝統的な筆記試験と新学力観・124
　　第2節　入試改革の実態・128
　　第3節　格差を前提とした選抜・134

第10章　なぜ学ぶのにこんなにお金がかかるのか？ …………139
　第1節　子ども一人あたりの教育費・139
　第2節　教育を受ける権利と義務教育の無償・141
　第3節　義務教育の費用負担とその影響・143
　第4節　教育費は誰が、どのように負担するのか・145
　第5節　学ぶのは誰のためか・147

第11章　なぜ人は学校以外でも学ぶのか？ …………151
　第1節　学校以外のさまざまな学びの場・152
　第2節　学校以外での学びの動機と背景・156
　第3節　学校以外での学びを支援する意味・159

第12章　なぜ働かないといけないのか？ …………165
　第1節　「労働からの解放」と「労働による解放」・166
　第2節　「働くこと」と「キャリア」形成・170
　第3節　「働くこと」のルール・174

おわりに　本書を読み終えたみなさんへ・181

第1章
なぜ勉強しなければいけないのか？

はじめに

　「なぜ勉強しなければいけないのか？」みなさんもこれまで一度はこの疑問を持ったことがあるかもしれません。この疑問に真面目に答えるとこういう答えになるでしょう。「別に勉強をしなければいけないということはありません。ただ、勉強することによってメリットを手に入れられることがあるので、勉強したほうがいいということです。すべての人が勉強したからといってそのメリットを手にするわけではないのですが、勉強しないことのデメリットはかなりの高確率で発生してしまいます。」
　勉強をすることで得られるメリット、勉強をしないことで被るデメリットとはどのようなものでしょうか？メリットがそれほど魅力的でなければ、勉強する必要もないでしょうし、デメリットが大したものでなければ、勉強しないままでも困らないでしょう。しかも勉強したからといって必ずメリットが手に入るという保証もないのです。そんな不確かなものに力を注ぐなんて時間と労力の無駄、そう考えても仕方ありませんね。
　でも、もしもそのメリットがものすごく価値のあるもので、デメリットが取り返しのつかないほどのものだったらどうでしょう。一か八かでもメリットを手に入れるために勉強してもいいとは思いませんか？あるいはそんな恐

ろしい状態に陥らないように少しでも勉強しようという気になりませんか？みなさんの周りにいる人たち、親や教師たちがもしも「勉強しなさい」「勉強しないと大変なことになる」とみなさんに言うのなら、恐らくその人たちは、メリットを非常に価値あるものと考えているか、逆にデメリットが致命的なものと捉えているのかもしれません。なぜその人たちはそう考えたのでしょうか？本当に「勉強すること」のメリットや「勉強しないこと」のデメリットはものすごいものなのでしょうか？この章ではこれらの疑問に答えるために、この「勉強することで得られるメリット」と「勉強しないことで生じるデメリット」についてお話ししていきましょう。メリット・デメリットには大きく分けると、個人にとってのものと、社会全体にとってのものがあります。この二つははっきりと区別できるものではありませんし、両者が重なっているものもあります。とはいえ今回は、みなさんにとっての「勉強」ということで、個人にとってのメリットと呼べそうなものを中心にお話ししていきます。

　話を始める前に、「勉強」という言葉の意味をはっきりとさせておきましょう。みなさんは「勉強」というと、「学校で椅子に座って机に向かい、何か学問的なことを学ぶこと」とイメージしているかもしれません。『広辞苑（第六版）』によれば「勉強」には「学問に身を入れること」という意味もあるので、それほど間違っていませんし、実際みなさんも小学校から今に至るまで、学校で国語や数学など様々な学問的なことを教室で学んできたという経験があるはずです。しかも学校自体は世界史的に見ると古代から存在しており、「学問的なことを学ぶ」ことも行われてきました。しかし、一部の例外を除けば誰もが「学校で学問的なことを学ぶ」ことは、比較的新しい「勉強」の形であり、「学問的な学び」がある一定の年齢になると誰もが行うべきものとなっているのは、それが現在、大人になる前に身につける「べき」ことだと捉えられているからにすぎません。その一方で、みなさんが学校で学ぶ「べき」とされたのは、「学問的なこと」だけではありませんね。学校のルールを守ること、クラスの仲間と一緒に何かをやり遂げるための協調性、自主性や意欲なども身につけるべきこととして考えられています。歴

史を紐解いても、学ぶ「べき」とされたことの中には、「学問的な学び」以外にも、礼儀正しさやマナー、モラル、将来の職業に必要な技術や態度などさまざまなものがありました。この「学問的な学び」と「学問以外の学び」は、ともに学ばれてきました。そのため、ここではこの二つをまとめて「勉強」と呼ぶことにします。

第1節　「常識」を「勉強」する

　ある社会や集団内（ここではコミュニティと呼びます）で共有されている知識やルール、いわゆる「常識」もまた、学ぶべきものとして捉え続けられてきたものです。「常識を勉強する」というと礼儀やマナー、モラルといったことの勉強のように聞こえるかもしれません。確かに電車の中で携帯電話に向かって大声で話す人がいた場合、「マナー違反だ」とか、「礼儀がない」と言ったりもします。それはすなわち、現代の日本において、「電車の中では携帯電話の電源を切るか、マナーモードに設定すること」は「常識的」に考えて妥当なことだと考えられており、その常識を知らずに、あるいは守らずに行動することは「眉を顰められる」行為であるということを意味しています。このように、コミュニティで「上手く」振舞う、はみ出さずに生きていくためには、そのコミュニティで「是」あるいは「否」とされている行動を知らなければなりません。もちろん、「上手く」振舞わなくたっていい、自分の思い通りに生きたい、と思う人もいるでしょう。しかしそうすると、そのコミュニティで馬鹿にされたり、つまはじきにされたり、最終的にはコミュニティから追い出される状況になることもあります。

　学級集団はもちろんのこと、友達同士や家族もまた、一つのコミュニティですから、排除の力の強弱やルールの厳しさの加減はさまざまでしょうが、そこにも「上手く」振舞うためのコミュニティ内の「常識」が存在します。家族は社会システムにおいても、感覚的にも私たちを守る基盤となる存在と捉えられています。そのため、家族に馴染めないことは、もっとも身近なセイフティネットから外れてしまう可能性を秘めており、場合によっては大き

な不利益となることもあります。しかしながら先ほどお話ししたように、家族も一つのコミュニティですから、追い出されてしまうことだって有り得ます。家族を大事なセイフティネットととらえるならば、追い出されてしまうことはデメリットです。とはいうものの、この場合のデメリットの大きさは人や状況によって異なります。家族だから必ず仲良くやっていけるわけでは決してないですし、自分が帰属しているコミュニティがいつも自分にとって良い集団というわけではありません。場合によっては早く抜け出したほうが良いこともあります。この意味で家族だから仲良くしなければならない、ということもまたなく、家族から離れることの方がデメリットの少ない場合もあるのです。

　しかしながら、もし仮にそのコミュニティがものすごく大きな力を持っていて、そこから排除されたら生きていくのが極めて困難になるというような場合、たとえば、国や民族、階級などを想像してもらったらいいと思いますが、そこから排除されると非常に困った状況に置かれてしまうことがあります。多くの人にとって、生きる場所からの排除は大きなデメリットになります。こうした「排除に対する危機意識」は現代だけではなく、歴史上、さまざまな社会の中で意識されてきました。コミュニティからの排除という危機を避けるために、家庭の中で、あるいは学校で「常識」としてさまざまなことが教えられたのです。

　たとえばヨーロッパではイタリアとフランスを中心に15世紀頃から上流層向けに、『子育て書』『礼儀作法書』が出版されるようになります。とくに『礼儀作法書』は上流層の振る舞い方や果たすべき義務が書かれたもので、自分の子どもが失敗しないようにと、親に読まれたものです。爆発的なベストセラーとなり、各国で版を重ねたエラスムス（Erasmus, Desiderius, 1466?-1536, オランダの人文学者）の『少年礼儀作法書』には、食事の際の振る舞い方として次のようなことが書かれていました（北本正章1993、242-243頁）。

　　ナプキンが配られたら、左の肩か腕の上にかけなさい。

身分の高い人と食卓を共にするときは帽子を取りなさい。しかし髪によく櫛を入れておくように。
　右側にコップとよく磨き上げたナイフを、左側にパンをおきなさい。
　席についたらすぐに鉢に手を出す人が多いが、これは狼のすることである。
　出されたばかりの大皿に一番先に手を出してはいけない。ガツガツしているように見えるばかりではなくて、同時にまた危険なこともあるからである。というのも、うっかりして熱いものを口に入れたら、吐き出すか、あるいは呑み込むときに口の中を火傷するに違いないからである。
　いずれにしても、笑い者になるか、あわれに思われるからである。〔後略〕（〔　〕内は引用者、以下同じ）

　このように自分の子ども達が上流社会の中で恥をかかないように、「上手く」馴染めるように、コミュニティで「是」とされた振る舞い方を、時に厳しくても身につけさせることは、親に課せられた重要な役割と認識されるようになっていきました。これを「愛情」と呼ぶか、「親の自己満足」と呼ぶかは、人それぞれだと思いますが、少なくとも、この時代、すでに「しつけ」に対する関心が、社会の中でかなり広がっていたことは間違いないでしょう。付け加えれば、当時、子どもの教育に責任を負っていたのは主として父親でした。これらの『礼儀作法書』の多くもまた、男性によって書かれ、男性に読まれました。それがなぜなのか、いつ頃から「しつけ」の領域が主として女性のものとされるのか、ここでは言及しませんが、この点もまた教育学の重要なテーマの一つです。

第2節　「知らないこと」がデメリットとなる

　コミュニティ内で「上手く」生きるために必要とされたのは礼儀やマナーだけではありませんでした。ヨーロッパでは、中世以降、上流社会で生き抜くためにはラテン語やギリシャ語といった古典語教育を中心とした知識を身

につける必要がありました。共通の礼儀作法やマナー、知識を学ぶ形態は、上流層のコミュニティで生きていくために必要不可欠なものと認識され、ある特定の職業に就くための教育とは区別して「教養教育（liberal education）」として定着していきました。この「コミュニティで生きていくために共通の教育を受ける」という点は、現代にも継承されています。むしろ、共通の教育を受けなかったらコミュニティで生きていけない、あるいは、教育がある特定のコミュニティ集団を再生産していると主張する人たちもいるほどです。だから学校で教育を受けないと、社会で「上手く」生きていけない、社会に馴染めないと考える人たちがいて、「学校で教育を受けること」を決定的に重要だと主張する論調も生まれてしまうわけです。このように現在は学校で学ぶ内容をコミュニティ内でスムーズに生きるために必須のものと捉える人もいますが、何が必要不可欠な「共通の知識」であったのかは、時代や社会によって異なります。「振る舞い方」はおそらく多くの場合、必要とされたものだと思われますが、一方で社会の変化に伴って新たに必須の条件になったものもあります。その一つが識字です。

　識字（リテラシー）は時代や国によって意味が異なります。現在はユネスコによると読み・書き・計算・情報にアクセスする力など、多岐にわたりますが、今回取り上げるのは、19世紀のヨーロッパの話であり、ここでは「読み方」と「書き方」の二つを合わせた概念として使用します。19世紀から20世紀初頭にかけて、ヨーロッパでは地域・国によって速度や程度などに違いはありますが、全般的に識字を持たない人の割合が低下します。多くの人が識字を獲得するということは、それだけ「読める人」「書ける人」が増えたということであり、とても「いいこと」のように見えますよね。でも逆に言えば、それだけ「読めない人」「書けない人」が少数派となることを意味します。識字は多くの人が持たない時代は、特別の知識・技能として識字を獲得した人のメリットとなるのですが、多くの人が持つようになると、持っていることが当たり前で、持たないことがハンディ／デメリットとなります。これは現在の情報リテラシーでも同じです。そのため、識字を獲得できない状況に置かれた人たち、たとえば移民や目が見えないなどの障害を抱

えた人たちの生活を困難にしましたし、とりわけ少数民族・少数言語を話す人々にとって、「共通語」「標準語」が生み出す壁は非常に高くなりました。たとえば20世紀初頭のフランスに住んでいたある少数民族の親が自分の子どもであるピエールにフランス語を身につけさせようとしたことを、ピエール自身が次のように回想しています（D. ヴィンセント2011、223-224頁）。

　　両親が、たとえばそれが「ラ・ヴァシュ」（変なフランス語をしゃべる奴）という屈辱を受けることを意味し、またある程度は母語の拒絶を意味するものであったとしても、私たち子どもにブルジョワの言語〔フランス語のこと〕を学ばせようと固く心に決めていた裏には、もう一つ別の理由があった。それは、両親自身が自分たちの母語以外に何も知らなかったことで屈辱を受けたからであった。私の両親は、都会の役人とやり取りをしなければならないとき、都会に出かけていったとき、いつも陰険な笑いやあらゆる嘲りにさらされていた。両親が話す言葉は、それを理解しない者にとっては奇妙に響いたので、「わら刈り屋」とか「ハリエニシダ轢き」などと呼ばれた。そうでない場合には、両親はもっと屈辱的な、憐れみを装った蔑みに耐えなくてはならなかった〔後略〕。

　言語はそのコミュニティへの参入に欠かすことのできないものとしてあり続けています。現在の日本でも移民政策の柱として議論されているのが、日本で働き移住を目指す外国人に一定程度の日本語を獲得させることを条件にするというものであり、この点はみなさんがおそらくよく耳にする、「国際社会の中で活躍するために世界の『共通語』とも言える英語を身につけなければならない」とする考え方とある意味、同じことです。英語と日本語という違い、前者が国際社会というコミュニティに参入するため、後者が日本社会というコミュニティに参入するためという違いはありますが、どちらもそれぞれの社会で生きていくために不可欠なものと考えられています。日本社会で生まれ育った者にとっては、日本語を獲得したからといってとりわけメリットになるわけではありません。しかしながらもし獲得できなければ、大

きなデメリットになります。一方、日本社会に新たに参入しようとする人にとってみれば、日本語の獲得は日本社会で生きていく可能性を拓く大きなメリットとなります。このように、メリット、デメリットの大きさは時によって、あるいは誰にとってのものなのかによって大きく異なります。この点はとても重要なことです。すべての人にとってその学びが同じ意味を持つということはないのです。だからこそ、みなさん一人一人が自分の「勉強する意味」を考える必要があります。

第3節　「知ること」が生活を豊かにする

　識字や知識を持たないことがデメリットとなる一方で、「常識」以上の知識や技術を得ることがメリットとなることもあります。そのため、政治家や支配層にとって被支配層にどのような知識・技能を身につけさせるかという点は、国家や社会を安定的に維持するためにとても重要なものと捉えられてきました。たとえば奴隷制時代のアメリカで、奴隷が識字を獲得しようとしたのが見つかり、主人から罰を受け、時には命を奪われることさえあったのは、単に「主人の気まぐれによる残酷な処置」ではなく、識字を獲得することが奴隷にとっての「力」となり、主人にとっての「脅威」となると考えたからでした。こうした事例は歴史上、たくさんあります。

　こうした「知ること」の「力」を信じた人の中に、近代教育学の父と呼ばれているコメニウス（Comenius, Johann Amos, 1592-1670, チェコの教育思想家）がいます。彼は30年戦争で亡命を余儀なくされる中で、「祖国解放のためには祖国の青少年を正しく教育するより他はない」と考え、『大教授学』を執筆しました。コメニウスが主張したような政治体制への抵抗や革命という文脈ではなく、社会の安定のために「知ること」が「力」を発揮すると考えた人もいます。チョコレートで有名なイギリスのキャドベリー社の社長であるジョージ・キャドベリー・ジュニアは、20世紀初頭に、自社で働く従業員を「健全な市民」に育成するために、当時としては異例の企業内教育を行いました。それは彼が「産業上の紛争は、ほとんどいつも、無知と疑念によ

第1章　なぜ勉強しなければいけないのか？

図1-1　ナチスによる焚書（ドイツ、1933年）
※ナチス政権下のドイツでは、ナチスが危険視した書籍やパンフレットが出版禁止となり、燃やされた。
※画像提供：イメージナビ

るものである。その両方は広い意味での教育の欠落によって起こっている」と考えていたからでした（土井2016）。

　一方で、識字を獲得することは、単に社会から排除される危険というデメリットを避けるだけではなく、新しい生活習慣や娯楽、仲間との語らいを生み出すことにもつながりました。たとえば19世紀後半に多くの人が識字を獲得するようになると、読書を一人で楽しむだけではなく、仲間と楽しみを共有するものとして考える人も出てくるようになりました。たとえば、イギリスのある労働者は、本で読んだ内容を職場で話すことで、本を読めない人、あるいは本を持たない人たちにも読書の楽しさを伝え、最終的には本の朗読会を開催するまでになりました。こうした自発的で非公式な「読書の集い」は、やがて現代の研究者に「読書サークル」として研究されるほど、各地で行われるようになり、労働者の人々が集団となって権利を主張する運動の基盤を作り出しました。また「書く能力」の獲得は「手紙」の習慣を作り出し、19世紀後半にはクリスマス・カードを贈り合う習慣が定着していき

図1-2 朗読を聴きながら仕事をする労働者たち（アメリカ）
※記事によれば、タバコ製造をしている労働者たちが朗読者を雇い、彼に朝7時から夕方6時まで（一時間の休憩あり）淀みなく朗読し続けることを求めた、と説明されている。
※画像提供：イメージナビ
(出典：*The Practical Magazine: an Illustrated Cyclopedia of Industrial News, Inventions and Improvements Collected from Foreign and British Source*, London and Birmingham, 1876, pp.267-268（1873, vol.1, no.1の記事））

ました。

　何かを学ぶことによって「力」を得るという考え方は、さまざまな形で色々な人々に共有されてきました。その「力」を個人の上昇や楽しみのために使うのか、集団の力へとまとめあげ、社会の転覆あるいは繁栄・維持に使うのかは、その人の置かれた状況や考え方によって異なります。置かれた状況の中で流されてそうした人もいるでしょうし、何かの目的を持って自ら積極的に選択した人がいたかもしれません。そのため、歴史を紐解いても、結果としてその「力」がどのように利用されたのか、機能したのかはさまざまです。でもだからこそ、「知ること」によって得た「力」をどのように使うかを、「力」の所有者である私たち一人一人がしっかりと考える必要があります。「知ること」は、単に「勉強した」「知識を獲得した」というだけではなく、「知ること」によって得た「力」の使い方にも責任を負うことなのです。

第 1 章　なぜ勉強しなければいけないのか？

おわりに

　今まで一緒に見てきたように、勉強することのメリット・デメリットはその人の置かれた状況や考え方によって異なります。たとえメリットがあったとしてもその大きさもまた、一定ではありません。ですが逆に言えば、メリットを大きくするのも、デメリットを小さくするのも、その人次第ということになります。運や社会的状況に左右されることももちろんありますが、今はまだ必要とされない「勉強」であっても、時が来たらそれをメリットにして生き抜いていける可能性も秘めています。この「可能性」が確かなものではないために、確実なことは言えませんし、みなさんが納得しにくい部分かもしれません。結局は、「勉強」しなければメリットの「可能性」は得られず、逆にデメリットの「可能性」が出てくるかもしれないことをみなさん一人一人がどのように考えるか、ということです。獲得する前からその「勉強」が自分にとってどの程度のメリット・デメリットになるかなど、実は誰にも分かりません。一種の「賭け」でしかないともいえるでしょう。しかし、獲得した後は違います。「知ること」で得られた「力」がどのようなものであるのかを考えて、それを使って何ができるのか、維持するべきものかどうかを検討することもできます。みなさんにはぜひ「知ること」の「力」を身につけて、その「力」を「上手く」利用して、この社会を生き抜いてもらえればと思います。この意味で「勉強」は必要なものと言うことができるでしょう。

●参考文献●
P. アリエス著、中内敏夫、森田伸子編訳『「教育」の誕生』藤原書店、1992年
D. ヴィンセント著、北本正章監訳『マス・リテラシーの時代——近代ヨーロッパにおける読み書きの普及と教育』新曜社、2011年
菊池城司『近代日本の教育機会と社会階層』東京大学出版会、2003年
北本正章『子ども観の社会史——近代イギリスの共同体・家族・子ども』新曜社、1993

年
倉石一郎『包摂と排除の教育学——戦後日本社会とマイノリティへの視座』生活書院、2009年
鈴木理恵、三時眞貴子編著『教育の歴史・理念・思想』協同出版、2015年
土井貴子「企業福祉としての教育支援—20世紀前半キャドベリー社の補修教育と人材育成」三時眞貴子、岩下誠、江口布由子、河合隆平、北村陽子編著『教育支援と排除の比較社会史——「生存」をめぐる家族・労働・福祉』昭和堂、2016年、234-259頁
仁平典宏「〈シティズンシップ／教育〉の欲望を組みかえる——拡散する〈教育〉と空洞化する社会権」広田照幸編著『自由への問い5　教育—せめぎあう「教える」「学ぶ」「育てる」』岩波書店、2009年、173-202頁
A. マングェル著、原田範行訳『読書の歴史——あるいは読者の歴史』柏書房、1999年

第2章
なぜ幼児の時から学ぶのか？

はじめに

　みなさんは「学校」というと何を想像しますか。以前通った小学校や中学校ですか。それとも今通っている高等学校でしょうか。特別支援学校や高等専門学校を想像する人もいるかもしれません。では、こうした「学校」の中で、最も幼い年齢の子どもが通うのはどの「学校」だと思いますか。こう尋ねるともしかしたら、小学校と答える人が多いのではないでしょうか。正解は幼稚園です。学校教育制度の根幹を定める学校教育法（1947年公布）では、「学校とは、幼稚園、小学校、中学校、義務教育学校、高等学校、中等教育学校、特別支援学校、大学及び高等専門学校とする」（第1章総則第1条）とあります。幼稚園を卒園した人にとってそれは、人生最初の「学校」だったのです。

　「学校」よりも広い、就学前の公教育というくくりで考えてみましょう。みなさんは幼いころ幼稚園に通いましたか。それとも保育所に通いましたか。両方通った人もいると思います。しかしどちらも通うことなく、小学校入学まで家庭で過ごしたという人は、ほとんどいないのではないでしょうか。今日では、保育所、幼稚園、認定こども園などの幼児教育施設に通う子どもの割合は、全体の98％に達しています。つまり幼稚園教育はもとより、

保育所保育、認定こども園教育・保育も含めた幼児教育は、公教育の始まりなのです。

第1節　小学校以降の教育とは異なる幼児教育の特徴

　ところでこうした幼児教育は、小学校以降の教育とは異なる特徴を有しています。本章では、保育所保育、幼稚園教育、認定こども園教育・保育を包括して幼児教育と表現します。厳密に言えば、これらの間にもそれぞれ異なる特徴がありますし、小学校以降の教育と一口に言っても、小学校、中学校、高等学校にもそれぞれ異なる特徴があることは言うまでもありません。この点を踏まえた上で、以下では、幼児教育と小学校以降の教育の5つの違いを述べてみます。

　(1) 小学校以降の教育は、授業の中で獲得すべき知識や技能が明示化されていることから、学習目的（目標）、授業内容、授業の流れなど授業計画が具体的に記されます。それに対して幼児教育は、子どもの自発的な活動としての遊びが中心となることから、目的、内容、活動の流れなどの計画は抽象的に記されます。また、学習や授業という言葉は使用されません。(2) 小学校以降の教育は、子どもに対する教師の管理や統制が比較的強い傾向にあります。それに対して幼児教育は、子どもに対する保育者の管理や統制は決して強くありません。子どもを厳しくしつけるよりも、彼（女）らの内面に寄り添うことが求められます。(3) 小学校以降の教育は、授業内容、使用する教材、活動する時間の幅などの多くを教師が決定します。それに対して幼児教育は、活動内容、使用する教材や遊具、活動する時間の幅など保育者が子どもの意向を考慮します。事前の計画や活動のスケジュールに従うだけでなく、子どもの興味やその場の状況を踏まえて柔軟に対応することが大切です。(4) 小学校以降の教育は、どの子どもも学習目的（目標）に到達し、知識や技能を習得することをめざします。それに対して幼児教育は、子ども一人一人の経験が重視されるため、知識や技能の習得は強調されません。それよりも子どもが自分から「知りたい」「できるようになりたい」と思って活

動することに価値があります。(5) 小学校以降の教育は、試験、通知票、成績、授業中の態度などに基づいて子どもの学習状況が評価されます。それに対して幼児教育は、子ども一人一人の個性が尊重されます。就学前の時期に「知っている／知らない」「できる／できない」「早い／遅い」などが評価されると劣等感を抱いてしまい、意欲を摘むことにもなりかねません。

　幼児教育は、発達の個人差が大きい幼児期の子どもを対象とすることから、一人一人に応じた援助が大切です。幼児教育における保育者と子どもの関係は、小学校以降の教育のように教師が「伝達者」として子どもを教え導き、子どもが「習得者」としてそれを学ぶという図式ではありません。

　それでは一体、幼児教育において保育者は、子どもにどのような豊かな経験の機会を与えるのでしょうか。そこで子どもは、どのような力を育むのでしょうか。以下では、ある幼稚園の運動会をめぐって行われた活動をもとに、幼児期の豊かな経験を通して育む力について考えます。

第2節　幼児期の豊かな経験とは何か
―「箱んでハイタワー」の事例から―

　以下の事例は、私立かえで幼稚園（広島県廿日市市）の5歳児（年長児）が繰り広げる実践の一場面です（大豆生田・中坪 2016）。
　夏休みが終わって子どもたちの歓声がもどってきました。9月9日。運動会まであと1ヶ月です。園長室では「あおぞら組」担任の石田先生、「たいよう組」担任の熊佐先生、園長先生の3人で会議が開かれています。この園では毎年運動会で「あおぞら組」対「たいよう組」のクラス対抗競技が行われます。運動会までの約1ヶ月間、子どもたちが頭と身体を使い、知恵を絞り、工夫し、アイディアを出し合いながらクラスの勝利をめざして取り組むために、今年はどのようなテーマの競技にするのか、どのようなルールを設定するのかが話し合われています。そして保育者はこの期間、競技に関して具体的な指示を出してはいけません。子どもたちの潜在能力を最大限に発揮するために保育者は、「伝達者」として教え導くのではなく彼（女）らの活

動を支えるのです。

　会議が終わりました。今年のテーマは「箱を積み上げる」。制限時間（3分）の間に「あおぞら組」と「たいよう組」がそれぞれつくった箱を重ねて高さを競う競技です。但し、使用してよい箱の高さは積み木と同じ高さ（22cm）までとし、横幅は制限ありません。この競技は、日ごろ子どもたちがタワーをつくって遊んでいたことに先生たちが着想を得て決められました。競技名は「箱んでハイタワー」です。

　「あおぞら組」では、石田先生がルールの説明をします。どのように箱を重ねると高く積み上げられるのか……「女児：一緒の大きさの箱をどんどんのせていく」「男児：大きい順に並べる」など、子どもたちはいろいろな意見を提示します。一方「たいよう組」の子どもたちは、外遊びが大好き。熊佐先生がルールの説明をしますが、なかなか競技に興味を示しません。そこで熊佐先生は作戦を考えました。クラスを3グループに分けて箱を重ねることで競争心をくすぐろうとしたのです。1つのグループが積み木の高さに合わせた箱をつくると、他のグループも負けまいとして箱づくりに取りかかります。熊佐先生の作戦は大成功です。

　10日ほどが過ぎて迎えた練習試合1回戦。「あおぞら組」も「たいよう組」も気合十分です。競技は、それぞれのクラスが3箇所に箱を積み上げ、その高さの合計を競うことで勝敗が決定されます。「あおぞら組」は、大きい箱から順に重ねていきます。「たいよう組」も負けていません。3分が経過して終了の笛が鳴りました……と、そのとき風が吹きました。せっかく積み上げた箱が音を立てて倒れます。子どもたちも風までは考えていませんでした。「たいよう組」が重ねた箱はほぼ全滅。「あおぞら組」はわずかに箱が残っています。園長先生が「あおぞら組」の勝利を宣告します。この敗戦は「たいよう組」のやる気に火を点けました。

　練習試合終了後、熊佐先生は、保育室に戻った子どもたちを集めて尋ねます。「熊佐先生：何で負けたんだと思う？何がいけなかった？」。「女児：風！」。「男児：風！」。「熊佐先生：風？……でも「あおぞら組」の箱は風が吹いても全部倒れなかった。「たいよう組」のだけ倒れた。風は同じように

第2章　なぜ幼児の時から学ぶのか？

吹くもん」。熊佐先生の問いかけに子どもたちは考えます。そして子どもたちは、風が吹いても倒れないようにするために横幅の大きな箱をたくさんつくることに取りかかりました。

　さらに10日ほどが過ぎて迎えた練習試合2回戦。この日「たいよう組」は、横幅の大きな箱をたくさんつくってきました。これだと安定感抜群です。そして作戦通り、形の揃った大きな箱を次々と重ねていきます。一方の「あおぞら組」は、箱は大きいのですが形がバラバラです。終了の笛が鳴りました。結果は「たいよう組」の圧勝。これで対戦成績は1勝1敗です。

　練習試合終了後、敗れた「あおぞら組」は、休む間もなく修正に取りかかります。ある男児は、箱を重ねやすくするために段ボールを貼って箱の形を整えます。これだと箱を重ねても安定しそうです。ある女児は「竹でグルッと箱を囲んで支えをつくる」というアイディアを思いつきました。すると別

図2-1　「箱を積み上げる」子どもたち　図2-2　子どもたちが積み上げた箱のタワー
（写真提供：2011年10月9日、かえで幼稚園）　（写真提供：2011年10月9日、かえで幼稚園）

の女児は、支えのつくり方を提案します。別の男児は、竹と段ボールで壁をつくって支えることを提案します。一つのアイディアが次々と新しいアイディアを生み出します。どちらのクラスもこの競技に夢中です。

　10月9日、運動会当日。いよいよ最終決戦のときがきました。この1ヶ月間、子どもたちは多くのことを学びました。みんなで考え、工夫する楽しさ、自分たちで考えるからこそ生まれる負けたときの悔しさ、それが挑戦する大きな力を生みました。3分が経過し終了の笛が鳴りました。子どもたちが積み上げた箱の高さは、どれも身長の2倍近くに達しています。練習試合のときとはまるで違います。勝つのは「あおぞら組」？「たいよう組」？いよいよ判定です。審判を務める数名の保育者が慎重に箱の高さを測定します。結果が出ました。両ティームの差はたったの3cm。わずかの差でしたが、園長先生は「あおぞら組」の勝利を宣告します。本当に良い試合でした（図2-1および図2-2参照）。

第3節　幼児期の豊かな経験を通して「目標を達成する力」を育む

　この実践を通して子どもたちが育んでいるものの一つは、「目標を達成する力」です。具体的には、「意欲」「やる気」「忍耐力」「粘り強さ」などです。この競技は、いかにして相手のクラスよりも高く箱を積み上げるかという明確な目標を子どもたちに示しています。保育者が教え導かなくても子どもたちは、少しでも高く箱を積み上げる方法を自分たちで考えることで、知らず知らずのうちにこれらの力を育んでいるのです。

　事例に即して見てみましょう。たとえば、外遊びが大好きな「たいよう組」の子どもたちは、熊佐先生がルールを説明したときにはなかなか興味を示しませんでした。しかし、クラスを分けて競争心をくすぐることで「やる気」が湧いて箱づくりにとりかかりました。ここでもし、熊佐先生が管理や統制を強め、競技に真剣に取り組むように子どもたちに注意したなら、彼（女）らの「やる気」はそこまで湧かなかったことでしょう。また、練習試

合１回戦で「たいよう組」は敗れます。最初子どもたちは、負けたのは風のせいだと主張しますが、熊佐先生の問いかけを機に横幅の大きな箱づくりに「意欲」的に取りかかります。風が吹いても倒れないようにするためには横幅の大きな箱が必要であるということを熊佐先生が直接教えるのではなく、子どもたち自身で気づくことで「意欲」や「やる気」が湧いているのが分かります。「あおぞら組」も同様です。石田先生がルールの説明をした初日から子どもたちは、「意欲」的にアイディアを提案しました。また、練習試合２回戦で完敗し、落ち込むかと思いきや子どもたちは、休む間もなく修正に取りかかっており「忍耐力」を見ることができます。競技に夢中になるなかで子どもたちは、勝利のための努力を惜しみません。１ヶ月もの間子どもたちは、「粘り強く」取り組んでいるのが分かります。この実践を通して子どもたちは、「意欲」「やる気」「忍耐力」「粘り強さ」を育んでおり、これらは幼児期における豊かな経験と言えるでしょう。

　「目標を達成する力」を育むために保育者は、いかにして子どもたちの「意欲」や「やる気」を引き出し、「忍耐力」をもって「粘り強く」取り組むことを支えるかを考えており、決して管理や統制を強めて教え導くわけではありません。そうしてしまうと子どもたちは、先生に言われたから仕方なく取り組むことになってしまい、それでは「目標を達成する力」が育たないことを保育者は知っているのです。

第４節　幼児期の豊かな経験を通して「協働する力」を育む

　この実践を通して子どもたちが育んでいるものの二つ目は、「協働する力」です。具体的には、「社会性」「協調性」「信頼」などです。この競技は、クラスの勝利に向かって全員で取り組むことから、互いに協力することが大切です。一人の子どもの勝手な言動は、チームに悪影響を及ぼしかねません。保育者が教え導かなくても子どもたちは、一致団結して競技に取り組むことで、知らず知らずのうちにこれらの力を育んでいるのです。

事例に即して見てみましょう。たとえば、練習試合1回戦。敗れた「たいよう組」の子どもたちは、敗因に気づいたことで一気に「社会性」や「協調性」を発揮し、チーム一丸となってまとまっていきます。その結果、練習試合2回戦では、全員協力して効率よく箱を重ねる作戦をたてて臨み、「あおぞら組」に圧勝します。こうして子どもたちは、互いの「信頼」関係を築いているのが分かります。「あおぞら組」も同様です。練習試合2回戦に完敗した後、ある女児のアイディアをもとに別の女児がそれを拡大して提案したり、別の男児が発展させたりなど、建設的な意見を次々に生み出しています。彼（女）らもまた、クラスの勝利のために「信頼」関係を築いているのです。この実践を通して子どもたちは、「社会性」「協調性」「信頼」を育んでおり、これらは幼児期における豊かな経験と言えるでしょう。

　「協働する力」を育むために保育者は、子どもたちが提案するアイディアのすべてを肯定的に受け入れており、決して「善い／悪い」「正解／不正解」などで評価することはありません。そうしてしまうと子どもたちは、自由な発想でアイディアを述べることができなくなってしまい、みんなでやり遂げるといった雰囲気を醸成することができません。また、練習試合で敗れたときこそクラスが団結する絶好の機会となることから保育者は、みんなで敗因を考えるように促します。子どもたち一人一人がクラスの大切なメンバーであることを彼（女）らが自覚し、互いを「信頼」することで「協働する力」が育つことを保育者は知っているのです。

第5節　幼児期の豊かな経験を通して「情動を調整する力」を育む

　この実践を通して子どもたちが育んでいるものの三つ目は、「情動を調整する力」です。具体的には、「自尊心」「自己調整」「共感」などです。この競技は、チームワークが重要であることから、誰かがイライラしたり、怒ったり、それによって別の誰かが自信をなくしたり、やりたくないと言い出したりするとチームの和が乱れます。そうなってしまっては、競技に勝

てないことを子どもたちも知っています。保育者が教え導かなくても子どもたちは、イライラや怒りなどの情動を抑制し、相手を思いやるような情動を表出しながらクラスの結束を保つことで、知らず知らずのうちにこれらの力を育んでいるのです。

　事例に即して見てみましょう。たとえば、練習試合2回戦。「たいよう組」の子どもたちは、上記の事例中には記していませんが、全員で協力して効率よく箱を積み上げるための作戦として、箱を運ぶ人と重ねる人、誰がどの位置で作業するのかなどを事前に決めておくことで分担作業を行います。こうした状況において子どもたちは、勝利のために自分が行うことは何か、それをどのように行うのか、どうすればクラスに貢献できるのかなど「自己調整」に関する力を発揮します。「あおぞら組」の場合はどうでしょうか。大豆生田・中坪（2016）に収められた映像を見てみると、練習試合2回戦に敗れたとき、子どもたちが無言で互いを思いやり、慰めるなど「共感」感情を表出する姿が映し出されています。励まし合うことで悔しい気持ちを調整し、自分たちの敗北を受け入れて挽回を期すことが「自尊心」の向上につながるのです。この実践を通して子どもたちは、「自尊心」「自己調整」「共感」を育んでおり、これらは幼児期における豊かな経験と言えるでしょう。

　「情動を調整する力」を育むために保育者は、練習試合を複数回行い、勝ったときの嬉しい気持ち、負けたときの悔しい気持ち、次は勝ちたい気持ちを体験できる機会を設けることで子どもたちを間接的に支えます。決してイライラや怒りなどの否定的な情動を表出しないこと、思いやりや慰めや励ましなどの肯定的な情動を表出することを直接的に教え導くわけではありません。これらを直接言い聞かせたところで、子どもたちの「情動を調整する力」が育つわけではないことを保育者は知っているのです。

第6節　社会・情動的スキルが人生成功の鍵となる

　「箱んでハイタワー」の実践を通して子どもたちは、(1)「意欲」「やる気」「忍耐力」「粘り強さ」などの「目標を達成する力」、(2)「社会性」「協調性」

「信頼」などの「協働する力」、(3)「自尊心」「自己調整」「共感」などの「情動を調整する力」を育んでいることを述べました。これら3つの力は、総称して社会・情動的スキル（Social and Emotional Skills）と呼ばれます。

　小学校以降の教育で重視される知識や技能、学力、成績などは、認知的スキル（Cognitive Skills）と呼ばれ、「知っている／知らない」「できる／できない」「早い／遅い」が目に見えて分かるのが特徴ですが、社会・情動的スキルの場合、その獲得が目に見えて分かるわけではなく、非認知的スキル（Non-cognitive Skills）とも呼ばれます。もちろん、「箱んでハイタワー」の子どもたちは、社会・情動的スキル（上記3つの力）だけでなく、数や高さに関する概念、ものの安定性に関する知識、運動技能など、認知的スキルに関する力も育んでいます。この点を踏まえた上で、以下では、社会・情動的スキルに注目して話を進めます。なぜなら、上記3つの力は、人間力、生き抜く力、学びに向かう力のようなものであり、これらを育むことが小学校以降の学業はもちろん、生涯にわたっていろいろな影響を与え、人生成功の鍵となると言われているからです（Kautz, el. Al 2014; OECD 2015）。しかも、この社会・情動的スキルは、0～8歳ごろに最も効果的に育つことが明らかにされており、したがってOECD（Organization for Economic Co-operation and Development：経済協力開発機構）は、加盟諸国に対して、子どもが社会・情動的スキルを獲得できるように幼児教育の充実を図ることを提案しました（OECD 2015）。

　では、社会・情動的スキルが生涯にわたって影響を与え、人生成功の鍵となるとはどのようなことでしょうか。以下、欧米の2つの研究を紹介します。一つ目は、1962～1967年にかけて、米国ミシガン州で実施された「ペリー・プリスクール・プロジェクト（Perry Preschool Project）」と呼ばれる幼児教育介入実験です（ヘックマン 2013）。貧困家庭に育つアフリカ系米国人123名の子どもを無作為に「Aグループ（実験群）」と「Bグループ（統制群）」に振り分け、「Aグループ（実験群）」の子どもには、小学校入学までの期間、午前中は幼児教育施設に通ってもらい（週5日）、午後は保育者が家庭訪問して保護者と話し合う（週2日）などの介入を行います。「Bグルー

プ（統制群）」の子どもは、小学校入学までの期間、家庭で育てられ何の介入も行いません。「Ａグループ（実験群）」の子どもへの介入は、小学校入学までの期間のみであり、入学以降は、どちらのグループにも介入は行いません。その後、今日に至るまで50年以上にわたって123名の子どもを追跡したところ、(a) 就学準備状況（5歳時点）、(b) 学校の出席と成績（14歳時点）、(c) 高等学校卒業率、大学進学率（19歳時点）、(d) 収入、犯罪率、持ち家率（27歳時点、40歳時点）など、生涯にわたるいろいろな側面において、「Ａグループ（実験群）」の子どもの方が優れた結果を示したのです。これを受けて、プロジェクトの提案者の一人であるデビッド・ワイカート（David P. Weikart）（2015）は、幼児期の子どもを取り巻く環境や経験の豊かさが社会・情動的スキルを促し、このことが学校での学力や学習態度、職場での働きぶり、同僚との関係や社会的行動などに肯定的な結果をもたらし、人生成功の鍵となると述べました。

　二つ目は、1997〜2003年にかけて、英国で実施された「EPPEプロジェクト（The Effective Provision of Pre-school Education [EPPE] Project）」と呼ばれる研究です（Sylva, Melhuish, Sammons, Siraj-Blatchford & Taggart 2004）。141の幼児教育施設を対象に「保育環境評価尺度（Harms, Clifford & Cryer 1998; Sylva, Siraj-Blatchford & Taggart 2003）」を用いて幼児教育の質を評価します。その上で、これらの施設から約3,000名の子どもを抽出し、「質の高い幼児教育施設で育った子ども」と「平均的な質の幼児教育施設で育った子ども」の間にどのような違いがあるのかを検討します。今日に至るまで20年以上にわたって約3,000名の子どもを追跡したところ、(a) 読み書き能力（5歳時点、7歳時点）、(b) 国語（英国なので英語）と算数の成績（11歳時点）、(c) 自己抑制（11歳時点、14歳時点）、(d) 向社会的行動（11歳時点、14歳時点）など、学業や成績、社会性や協調性において、「質の高い幼児教育施設で育った子ども」の方が優れた結果を示したのです。特に (c) 自己抑制（たとえば、言われなくても自分から行動できる、相手にゆずる、集団の中で我慢できる、叩かれてもすぐに叩き返さない、遊びの中で自分の順番が待てるなど）、(d) 向社会的行動（たとえば、進んで片づける、ゴミ

を拾う、他者を思いやる、進んで助ける、手伝う、一人でいる子どもに声をかけるなど）は、社会に出て就職してから上司や部下から信頼されるなど、人生に良い影響を与えることが指摘されました。

おわりに

　このように、幼児期の豊かな経験を通して、「目標を達成する力」「協働する力」「情動を調整する力」などの社会・情動的スキルを育み、長期に渡って持続することが、学力や学歴だけでなく、将来の年収、就業形態、社会的地位など、生涯にわたるいろいろな側面に影響を与えます。どんなに偏差値の高い有名大学を卒業したとしても、「意欲」や「忍耐力」に乏しくてすぐに「やる気」をなくしたり、「社会性」や「協調性」に乏しくてコミュニケーション能力に欠けていたり、イライラや怒りなどの否定的な感情がすぐに顔に出たりするような人は、社会で活躍できません。幼児期の豊かな経験を通して社会・情動的スキルを育むことは、まじめさ、礼儀正しさ、マナー、モラルを踏まえ、コミュニティで共有される知識やルールなどを身に付け、他者を思いやり、他者から慕われるなど、人生成功の鍵につながるのです。

●参考文献●

大豆生田啓友・中坪史典編『映像で見る主体的な遊びで育つ子ども―あそんでぼくらは人間になる―』エイデル研究所、2016年

J. J. ヘックマン著、古草秀子訳（大竹文雄解説）『幼児教育の経済学』東洋経済新報社、2013年

D. P. ワイカート著、浜野隆訳・解説『幼児教育への国際的視座』東信堂、2015年

Harms, T, Clifford, R.M.& Cryer, D., 1998,*Early Childhood Environment Rating Scale Revised Edition*, Teachers College Press, New York.

Kautz, T. et al., 2014,*Fostering and Measuring Skills: Improving Cognitive and Non-Cognitive Skills to Promote Lifetime Success*. OECD Education Working Papers 110. OECD Publishing. Paris.

OECD, 2015,*Skills for Social Progress: The Power of Social and Emotional Skills*. OECD Skills

Studies. OECD Publishing. Paris.

Sylva, K., Melhuish, E., Sammons, P., Siraj-Blatchford, I., & Taggart, B., 2004, *The Effective Provision of Pre-school Education (EPPE) Project: Final Report*. DfEC Publications.

Sylva, K, Siraj-Blatchford, I. & Taggart, B., 2003,*The Four Curricular Subscales Extension to the Early Childhood Environment Rating Scale (ECERS-R) 4th edition with Planning Notes*, Teachers College Press, New York.

第3章
なぜ教科で学ぶのか？

はじめに

　先週まで咲いていた桜の花も散り、清々しい日々も一転、この原稿を書いている日は雨です。私のこの目の前に広がっている世界は、「教科」では構成されていません。小学校1年生で「さくら」についての歌を音楽や国語でも学習するでしょうし、理科ではバラ科の「桜」は落葉樹であることや受粉の仕組みなどを学習したでしょうし、社会科では四季のある日本の気候の特徴と、日本でも沖縄と北海道では桜の咲く時期も異なることも学習したでしょう。長袖の服を半袖に衣替えをしはじめたある日に、「今日は爽やかな春晴れだ」とつぶやいたら、「『爽やか』は秋の季語です。春は『清々しい』と言って」と母親からつっこまれた経験がある人も筆者以外にもいるかもしれません。なるほど、私のこの目の前に広がっている世界を説明する知識や知識体系は確かに教科の学習と深くつながっているかもしれません。それでも、やっぱり世界が教科で構成されているわけではないでしょう。「なぜ教科で学ぶのだろう」という問いを持った人は、すでにりっぱに教育学的な問いを生きています。ここでは「なぜ教科で学ぶのか」という問いについて考えていきましょう。

第1節　「教科」で学ぶ意味って？
―「教科」で学ばないことの意味―

「なぜ教科で学ぶのか？」と聞かれたら、みなさんはどのように答えますか？この問いに答える前に、実はすでに私たちは「（学校では）教科で学ぶもの」という前提に囚われていることに気がつくでしょう。まず、教科で学ばない学習や授業の例を見てみましょう。

戦後の日本では「戦後新教育」の潮流の中で、「問題解決学習」の授業づくりが重視されました。「新教育」とは、教師や教科書といった「教えるもの」を中心とした教育を「旧教育」と批判し、子どもや子どもの生活といった「学ぶもの」を中心とした教育を「新教育」だと捉えて、20世紀を目前にした世紀転換期に世界の各地で提唱された考え方であり、一つの教育改革運動です。アメリカの哲学者・教育学者デューイ（Dewey, John, 1859-1952）が提起した「新教育new education」は、ドイツでは「改革教育学Reformpädagogik」として生起し、日本でも大正デモクラシーと連動した「大正新教育」あるいは「大正自由教育」の運動として展開されました。児童中心主義あるいは子ども中心主義の経験主義の立場にたつ戦後新教育の流れの中で、ある熊本の中学校では「水害と市政」という授業が実践されました（吉田1953）。この授業では、ある川の氾濫に脅かされる私たちの生活上の水害という「問題」を設定し、それを解決するための学習が展開されました。氾濫した河岸の対面には城下町が広がり、江戸時代に城下町には水害が及ばないような治水事業はなされてきている。それにも関わらず私たちの地域には治水はなされてこなかった。これは、川の増水による水害という「天災」である一方で、ある増水時には一方にのみ氾濫するように仕掛けられた「人災」でもあると、中学生たちは学習を進めていきます。図書館での調べ学習や聞き取り調査などをしながら最終的に中学生たちは市の政治に訴えかけていくという有名な実践です。自分たちの目の前の経験に基づいて、社会科の授業という教科の枠を越えて学習活動が展開されていることが分かります。

日本の八百万の神の文化を一神教の伝統の根強い海外に向けて分かりやすく発信したのが、宮崎駿監督の『千と千尋の神隠し』でした。みなさんの中にも宮崎監督作品やジブリ作品、あるいはさまざまなアニメ作品に感銘を受けてきた人もいるでしょうし、海外での日本アニメの評価と受容に関心をもっている人もいるでしょう。大学で教員になるための学修をしている学生には、ある講義で次のように話すこともあります。「私なら、中学校2年生の全ての教科・領域の学習を『風の谷のナウシカ』で構成してみる」、と。ナウシカの世界観を掘り下げていくと、生態系やそれぞれの地域で暮らす人びとについて学ぶ理科や社会科の学習は必須です。登場する乗り物を描きながら、たとえば飛行機を設計してみようという美術科や技術科のような学習もできますし、実際に身体を使って体育科や音楽科で表現してみることもできます。エネルギーや空力を理解し表現するためには、国語科や数学科の学習も深めていく必要があります。お気に入りの台詞の外国語訳と対比して外国語の学習をしてみても楽しいでしょう（たとえば筆者のお気に入りのアスベルの台詞、「行ってくれ、僕らのために行ってくれ」の「僕らのため」はドイツ語訳では"für alle"と訳されています。英語で言えば"for us"ではなく"for all"です。"us"としてしまうと、「敵」のように描かれているトルメキアの人びとや映画では描かれない世界の人びとを含まなくなってしまうため、広い意味で「すべての人のために」と解釈してこの訳を当てたのだろうと推察しています）。

　実際に日本の中学校の学習をナウシカのみで展開するというのは難しいでしょうが、ナウシカを教材として理科の授業を行った教師もいます。鈴木和夫氏は「人と環境」をテーマにした理科授業の教材に『風の谷のナウシカ』を使用し、これまでのコンテキスト（文脈）を破り、その文脈を豊かにしていく＜学び＞の実践を行っています（鈴木2005）。

　「教科」という枠に囚われないこうした授業や学習の構想以外にも、「教科の学習」「教科の授業」という常識に囚われない授業も数多く実践されてきています。有名な実践としては「エチ先生」として様々なメディアでも取り上げられた橋本武氏の実践があります（橋本2012）。中学校3年間の国語の

学習で、中勘助の『銀の匙』のみで授業を展開するというものです。もしかすると、「あの」灘中学校だからできる授業・学習だろうと考える人もいるかもしれませんが、実は事態はその逆です。こうした橋本氏の授業などの画期的な実践を通して、名もない小さな学校が「あの」灘中学校になったのです。

　「なぜ教科で学ぶのか」を高校生向けに書くとしたらどんな内容がいいかを、筆者の講義を受講している大学生に聞いてみると、何名かの学生から「高校の数学を学ぶ意味はずっと分かりませんでした。これについて書いてみてはどうでしょう」という趣旨のサジェッションをもらいました。なるほどと感じつつ、実はこの問いは三つの思考を提起しているとも感じました。一つ目は、「教育学」に関心を持って大学に入学する学生が「文系」に偏ってきているということです。そもそも、「文系」と「理系」という捉え方自体が日本的な捉え方です。日本の大学に進学するとまず「一般教養」をとりますが、この一般教養は古典的には「人文科学」・「社会科学」・「自然科学」という三つの分野・領域の科目をバランスよく履修していく構成になっています。「教育学」は「社会科学」に属しますが、人間を扱うという意味では「人文科学」なしには成り立ちませんし、理科や技術の授業を論じる場合には「自然科学」を背景に考えていくことになります。教育に関わる教育予算といった財政面を考える場合や、教師に対するアンケート調査の分析といった場合には、統計のような数学的処理も必要になりますし、デジタル教材・教具の開発などのように科学技術の進展とは無縁ではいられません。「教育学」は「文系」か「理系」かには分類され得ないにもかかわらず、日本の「大学入試」システムをくぐり抜けてくる学生は圧倒的に「文系」が多いという、そういう思考が一つ目です。二つ目は、高校数学を学ぶ意味が分からないにもかかわらず学習を続けてきたのは、高校数学を学ぶ意味を「将来にとっての意味」として捉えるか、三つ目に「今にとっての意味」として捉えるかのどちらか、あるいは両方の思考をたどってきたのではないかという点です。「数学は嫌いだし、わけわからんけど、大学に入るためには（将来こういう職業につくためには）必要だからやってる」というのが「将来にとっ

ての意味」ですし、「受験にも関係ないし、将来数学に携わる人生を送ることはないけど、この先生の数学の授業はおもしろいし、微分ってやってておもしろいんだよね」というのが「今にとっての意味」です。このような授業実践の例として、数学を学ぶことの将来的な意味を、微分・積分の授業でありながら『徒然草』との関連やピタゴラスの定理の学び直しの中で考えさせる荒井嘉夫氏の実践（荒井2014）や、いまこの教室で一緒に学ぶことの意味を強調しながら微分・積分をパフォーマンス課題のもとで学習する小澤圭介氏の実践（吉田・佐藤2015）などを挙げることができます。

　こうして見ると、「教科」に囚われない授業や学習のあり方や、教科書を中心とした既存の「教科の授業」に囚われない授業のあり方、既存の教科書中心の授業を「学ぶことの意味」と関連づけて展開される授業のあり方など、多様な教育実践があることが分かります。こうしてみると「なぜ教科で学ぶのか」という問いに対して、そもそも「教科とは何か？」という新たな問いが浮かび上がってくるでしょう。

第2節　「教科」とは何だろうか？
―「教科」成立の展開と構成―

第1項　教科と領域

　「教科」とはどのように定義されるのでしょうか。この問いは、教科ではない領域はどのように定義されるのかという問いとの裏表の関係にあります。2020年度から小学校5・6年生も教科「外国語」（原則、英語）を学習します。それでは「外国語科」と「外国語活動」とは何が違うのでしょうか、「道徳」の時間と2018年度から実施される「特別の教科 道徳」とは何が違うのでしょうか。

　日本の学校教育において何をどのような配列で何時間かけて教えるのかは、文部科学大臣によって告示される『学習指導要領』によって規定されています。この『学習指導要領』とその『解説』に基づいて教科書が作成されます。幼稚園は『幼稚園教育要領』があり、保育所には『保育所保育指針』

があります。国家による公教育として学校教育が営まれる場合、学校で何を教えるのかを定める基準（スタンダードといいます）が設定されることは、多くの国にも見られます。「スタンダード」は語源的に言えば「旗」を意味していて、どちらの方向に向かって進んでいくのかを指し示す役割を担っています。それと同時にスタンダードは、製品の品質管理の指標としても機能しています。高等教育機関である大学には『学習指導要領』のようなスタンダードはありませんが、専門職養成の分野ではそれぞれの分野でスタンダードが設定されていることもあります。たとえば、医者や看護師養成の分野や、工学部のような技術者養成の分野です。教育学の分野では、教員になるための科目（教職科目）のスタンダード（「教職課程コアカリキュラム」といいます）のあり方が検討されています（2017年6月現在）。

　さて、それではこの『学習指導要領』では「教科」はどのように定義されてきているのでしょうか。実は、官報告示となった1958年（昭和33年）版『学習指導要領』以降、「教科」については法制上定義がなされてきていません。学習指導要領改訂の方向性を審議する中央教育審議会の2008年の答申を見てみましょう。そこには、「『教科』について法制上定義がなされている訳ではないが、一般的に、①免許（中・高等学校においては、当該教科の免許）を有した専門の教師が、②教科書を用いて指導し、③数値等による評価を行う、ものと考えられている。」（中央教育審議会2008）とあります。すなわち、「教科」を規定するものとして、免許・教科書・数値による評価の三つが指摘されています。この理解に従えば、「教科」と特別活動や総合的な学習の時間といった「教科外」（「領域」といいます）とは三つの点から区別されることになります。なお、「特別の教科　道徳」では教員免許は設定されず、数値等による評価は実施されないものの、教科書は作成されるという意味で「特別の教科」であるということも分かります。

　ただし、実は戦後最初に「(試案)」として示された1947年（昭和22年）版『学習指導要領一般編（試案）』では、11頁目の記載において「教科」は明確に定義されていました。すなわち、「われわれは、前に教育の根本目的をもとにして、社会の要求を考え、そこから教育目標をどこにおくべきかを

考えた。この教育の目標に達するためには、多面的な内容をもった指導がなされなくてはならない。この内容をその性質によって分類し、それで幾つかのまとまりを作ったものが教科である。」というのです。さらに、最初の改訂となった1951年（昭和26年）版『学習指導要領一般編（試案）』の14頁目では、「小学校・中学校・高等学校の各教科は、それぞれの学校段階に応じて、一般目標の到達を分担するものである。一般目標に到達するためには、各方面にわたる学習経験を組織し、計画的、組織的に学習せしめる必要がある。かような経験の組織が教科であるといえる。」とされています。

「経験の組織」とする「教科」の規定は、先に見たデューイの影響を大きく反映しています（この点については二杉・佐藤1980を参照すると、「教科」を規定する「系統性」や「教科内容」と「教材」といった視点からより深く理解できるでしょう）。「内容をその性質によって分類し、幾つかのまとまりを作ったもの」という定義から、「教科は全体の文化の下位文化である」（中野2004）ということができるでしょう。しかしながら、「全体の文化」および「内容」をどのように捉えるか、さらに「下位文化」および「分類」と「まとまり」の捉え方は、時代と社会によって大きく異なっています。この問題をどのように捉えたらいいのでしょうか。

第2項　教科の歴史

「全体の文化の下位文化」あるいは「内容のまとまり」としての教科の起源として代表的なものは、古代ギリシャ時代のプラトンによるカリキュラム構成です。ここでは、基礎学科として「体育」と「音楽」が構想され、上級学科として「算術」「幾何」「天文」「音楽」が、さらに最上級の学科として「弁証法」が配置されました。このカリキュラムはヘレニズム時代の「一般教養」として受け継がれ、ローマ時代には「自由学芸」として確立していきます。中世に入ると自由市民となるための構成がほぼ七つに規定されてきます。「文法」「弁論術」「弁証法」の三学と「算術」「幾何」「天文」「音楽」の四芸からなる「七自由科」です。

私たちが念頭においている「教科」は、19世紀末から20世紀にかけて、

近代学校教育制度の構築とともに成立したものです。現代の教科は、20世紀から21世紀にかけてほぼ安定的に推移してきています。すなわち、ドイツの言語学者・教育学者であるフンボルト（Humboldt, Wilhelm von, 1767-1835）がいうところの言語・数学・自然科学・社会科学・技術・音楽・芸術・体育という諸教科群です。近代学校教育制度の確立に大きな貢献を果たしたドイツの教育学者ヘルバルト（Herbart, Johann Friedrich, 1776-1841）は、『一般教育学』(1806年) において、「教科内容」による訓育的教授 (Erziehender Unterricht) を教育の中核としました。つまり、私たちと世界とをつなぎ、文化を教授学的に縮小して教授する「教科」による学校教育制度が確立されてきました。

　ヘルバルトとその弟子たちによって構成されるヘルバルト学派の教育学にも支えられながら、私たちが共通にイメージするような学校の学級で子どもたちが一斉に「教科」で学ぶ授業スタイルが定着していきます。今日の日本の中学校のカリキュラムは、国語・社会・数学・理科・音楽・美術・保健体育・技術・家庭・外国語・特別の教科 道徳の10教科と、総合的な学習の時間と特別活動の2領域から構成されています。こうした教科・領域の構成は、授業時数の増減はあるものの、戦後以降は安定的に維持されてきています。

　こうしてみると、「教科」は時代と社会の要請する市民の形成に公教育が何を果たしうるかという規準から勘案され、構想され成立してきたということが分かりますし、「教科」の構成は安定的に持続してきたということも分かります。しかしながら他方で、安定的に維持されてきた「教科」を構成する「規準」とはそもそも何なのだろうか、という疑問がわいてくるでしょう。次にこの問題に触れていきましょう。

第3項　教科を規定する「規準」

　各国の教科構成や教科群を規定するものとは何でしょうか。この問いは、教育における「規準」すなわち「陶冶規準Bildungskanon」の問題として追及されてきた問いです。各国の教科構成を見ると（表3-1）、たしかに先述した言語・数学・自然科学・社会科学・技術・音楽・芸術・体育から「教科」

表3-1　教科の構成比較表（前期中等教育段階）

	道具教科	内容教科	技能教科	領域
日本戦中 (1941年)	国民科（国語）・外国語科・理数科（算数）	国民科（歴史・地理・修身）・理数科（理科）	体錬科・芸能科・家政科・実業科	
日本現在 (2017年)	国語・外国語（英）・数学	社会（地理・歴史・公民）・理科	音楽・美術・保健体育・技術・家庭	道徳・総合的な学習の時間・特別活動
アメリカ （マサチューセッツ州、1999年～2017年）	英語・外国語・数学	歴史／社会科学・学技術／エンジニアリング	美術・保健入門・デジタルリテラシーとコンピューター科学・職業技術	
イギリス (2013年)	英語・言語・数学	地理・歴史・市民・理科	音楽・芸術デザイン・体育・コンピューター・デザインと科学技術	性教育・宗教
ドイツ （ベルリン州、2012年）	ドイツ語・手話ドイツ語・第二言語（独・英・仏・葡・露・西・土・伊・波・日・中・拉・古代希・現代希）・数学	地理・歴史・倫理・国際関係・社会科（政治）・生物・化学・物理・心理学・社会科学／経済学・哲学	音楽・造形芸術・体育・表現情報・家庭	
フランス (2016年)	現代語・作文・数学	歴史と地理・物理化学・生命科学と地球・経済学と経営・経済学と社会科学・哲学	音楽・美術・芸術史・演劇・映画・ドキュメンテーション・スポーツと体育・産業技術・テクノロジー	
イタリア (2009年)	イタリア国文学・英語・第二外国語（仏・拉）・数学	イタリア国文学（歴史・地理）・自然科学	音楽・芸術とデザイン・体育・技術	宗教（カトリックあるいは他）・選択科目
カナダ （オンタリオ州、2005年～2016年）	英語・古典と国際言語・第二言語（英・仏）・先住民言語・数学	カナダと世界の学習・先住民学・科学・経営学	芸術・健康と体育・コンピューター・技術教育	ガイダンスとキャリア教育・学際的学習・社会科学と人文科学
中国 (2011年)	国語・英語・第二外国語（日・露）・数学	歴史と社会（歴史・地理）・科学（物理・化学・生物）	芸術（音楽・美術）・体育と健康	思想品徳
ロシア (2014年)	ロシア語・母国語文学・ロシア文学・外国語・第二外国語・数学・代数・幾何学	ロシア史・世界史・社会科・地理・物理・生物・化学	音楽・美術・体育・生活安全の基礎・情報学・プログラミング・技術	

（出典：各国の中央教育行政機関のHPを参照して作成。なお連邦制をとっている国の場合は対象とした州名を記した。いずれも最終閲覧日2017年5月15日）

が構成されていることが分かります。しかしながらこれを見て、「どの教科に何時間を割り当てるのかは、どうやって決めているんだろう？」といった問いや、「メディアの進展がめまぐるしい今日、『情報』や『メディア』という教科が成立しないのはなぜだろう？」という問いが湧いてきませんか。こうした問いはすべて、陶冶規準＝カノンに関わる問いです。

「カノンKanon」とは、キリスト教における「規準」を意味し、何を聖典＝聖書に収めるのかを決定する規準であり、誰を聖人とするかを決定する規準です。したがって陶冶規準とは、何を教科とするかを決定する規準です。各国においてこの陶冶規準が問い直されるようになるのは、戦後で言えば1980年代以降です。日本では1989年の『学習指導要領』改訂によって、高等学校の社会科は地理歴史科と公民科に分けられ、教員免許状もそれぞれ分かれて付与されることになりました。他方で、1989年の『学習指導要領』改訂では、小学校第1・2学年に「生活科」が誕生します。また1998年の『学習指導要領』改訂では、小学校第3学年以降に「総合的な学習の時間」が設定されました。これは教科の「分化」と「統合」の問題です。「分化」とは、一つの「教科」を二つや三つの教科・科目に分けていくことです。「統合」とは、複数の教科・科目を合わせて一つの教科・領域としていくことです。「教科」は「全体の文化の下位文化である」という捉え方を思い出してもらうと、世界を認識・構成する文化が細分化・精緻化されるのにともなって、教科も分化していくこともありえるでしょうし、他方で全体の文化が諸教科横断的に捉えられる必要があるのであれば、教科も統合されていくこともありえるでしょう。日本におけるこうした「分化」と「統合」の動向は、諸外国でも見られます。

　ドイツでは、1980年代から1990年代にかけて、諸教科を横断した授業の構想が重視されるようになってきました。なぜなら、エネルギー問題や南北問題といった「現代的な諸課題」を学校教育で取り扱うためには、社会科の学習や理科の学習によってその内容を習得していくとともに、学習した内容を国語科の学習をもとに文章で表現したり、数学科の学習をもとに表やグラフ等で表現したり比較したりすることが求められるからです。本章の冒頭で

見た「水害と市政」や「ナウシカ」のような授業実践を想起すると、このことはよく理解されると思います。

　1990年代のドイツではこの点について、「学校の教科はそもそもこれからの授業の枠組みとなりうるのであろうか？他方で学校と社会においては、まさに学校の諸教科とこの諸教科と分かちがたく結びついた学校におけるカノンという区分のように持続的で不変的なものとして200年にわたって維持されてきた制度化の流れを見出すこともできるだろう。近年の諸外国における学校の諸教科の構成と作用を問うような学校研究がこうした動向に属するであろうし、そうした学校研究はさらに狭い意味での教科教授学研究の伝統的な地平にも及んできているのである。」(Hopmann/ Riquarts1999)という指摘がなされました。日本の文脈でいえば、社会科・理科といった安定的に持続してきた教科の枠組みがこれからの授業の枠組みになり得るのかという指摘ですし、こうした問い直しは諸外国の学校を取り巻く研究のトレンドに属しているという指摘です。

　1980年代以降の教科構成の見直しの中で、日本を含めた各国において、教科構成の変更や教科を「分化」「統合」する試みが重ねられてきました。こうした取り組みと並行して進んできている議論が、PISA調査を契機とした「学力」向上や「資質・能力」の育成、「コンピテンシー」や「リテラシー」形成という問題です。この問題は、教科で学ぶことでどんな「学力」が身につくのかという問題と、教科で学ぶことで教科を越えたどんな「資質・能力」が身につくのかという問題という、二つの問題が入り組んだ非常に複雑な問題につながってきています。2017年の小学校と中学校の『学習指導要領』改訂では、前者の教科で学ぶ意味を「教科の本質」という言葉で表現しようとし（民間教育研究団体が用いてきた「教科の本質」という意味については柴田2009を参照）、後者の教科を越えて学ぶ意味を「育成を目指す資質・能力」という言葉で表現しようとしています。こうしたより複雑化した状況の中で、「なぜ教科で学ぶのか」という問いをどのように考えていけばいいのでしょうか。最後にこの問題にあらためて答えてみようと思います。

第3節　「なぜ教科で学ぶのか」ってどういう問い？

　「なぜ教科で学ぶのだろう」という問いを持った人は、すでにりっぱに教育学的な問いを生きていますと本章の冒頭で述べました。そもそも「教科」とは何かという問いを紐解いていくと、「全体の文化の下位文化」であるためにその構成は時代と社会に応じて変化していくものであり、1980年代以降の教科の「分化」と「統合」の動向を経て、2000年代以降の私たちは教科で学ぶ意味と教科を越えて学ぶ意味との二つの問いに改めて向き合うことになることが分かりました。こうした問いと応答の仕方は、教育学という学問のなかの教育方法学とカリキュラム研究という領域に属しています。「なぜ教科で学ぶのか」という問いにみなさんが答えていくためには、次のようなアプローチをとることができます。

　一つ目のアプローチは、歴史的なアプローチです。本章でも古代ギリシャのカリキュラムやヘルバルトによるカリキュラム構成について触れてきましたが、筆者が提示した回答は「時代と社会の要請によって『教科』の構成は異なる」という文字通り教科書通りの答えしか導き出せていません。その時代とその社会において、なぜその「教科」がどのような内容と配列によって構成されてきたのかを皆さん自身が紐解いていくことで、みなさんなりの「なぜ教科で学ぶのか」という回答にたどり着けることでしょう。自分自身の関心のある時代と地域を設定して文献や資料にあたっていくこともできますし、歴史的なアプローチで学校カリキュラムを分析した著作（たとえば、ハミルトン1998など）を読んでいくところからはじめてみてもいいかもしれません。

　二つ目のアプローチは、比較的なアプローチです。本章でも表3-1で各国のカリキュラムの比較表を提示することで、それぞれの国の教育制度によって「教科」の構成には共通点と相違点があることを示してきましたが、筆者が提示した回答としてはやはり上述した「時代と社会の要請によって『教科』の構成は異なる」ということと、「教科」を規定する「規準＝カノン」

が問われているということしか提示できていません。また、みなさんが比較してみたいと思う国のカリキュラムはこの表3-1には掲載されていないかもしれません。諸外国の学校カリキュラムを紹介したり分析した論文や著書は数多く日本語文献として公刊されてきています。試みに国立情報学研究所が提供している文献検索サイト（CiNii BooksやCiNii Articles）や国立国会図書館の文献検索サイトなどで、興味・関心のある国・地域の名前と「カリキュラム」とを入力して検索してみましょう。すでにみなさんが関心をもつ国・地域のカリキュラムについての研究の数に驚かされることでしょう。まずこうした自分の関心をリードしてくれる先行する文献（先行研究といいます）を紐解きながら、実際にその国・地域に赴いて、学校や授業に触れてみるという経験をしてみたいと思ってもらえれば、みなさん自身のカリキュラム研究がスタートするでしょうし、みなさん自身の回答も見えてくるでしょう。

　三つ目のアプローチは、社会学的なアプローチです。「なぜ教科で学ぶのか」という問いは、実は「教科」とは何かという問いにはとどまりません。そもそも「なぜ学校で学ぶのか」や「人間にとって学習とはどんな意味があるのか」といった問いや、より批判的に「学校で学ぶからこそバカになる」や「これまでのカリキュラム研究そのものが『教科』の捉え方をせばめてしまっている」といった考え方にたつことも重要です。1970年代の「脱学校論」や近年の「ハイパーメリトクラシー」といった論点から、すなわちよりマクロな視点から「なぜ教科で学ぶのか」という問いに迫っていくアプローチは、社会学的なアプローチに属します。この社会学的なアプローチには、「教科」の構成の立案と決定に関わってきた関係者への聞き取り・インタビューや、学校教育を受けている／きた学習者・子どもたちの視点から学校カリキュラムを捉え直すようなミクロな研究アプローチも含まれています。こうした研究アプローチからみなさんが回答を導き出すためには、既存の学校カリキュラムに対する違和感や疑問がそのきっかけとなります。「どうして日本の学校では、『起立』『礼』で授業をはじめるんだろう」、「どうして日本の学校では茶髪は禁止されているんだろう（誰が？なぜ？なんの根拠で？）」といった素朴な違和感や疑問からカリキュラム研究にアプローチす

ることができます。もしみなさんがこうした研究アプローチで「なぜ教科で学ぶのか」という回答に近づくことができたら、是非私にもその試みを伝えてもらえるとうれしいです。

　四つ目のアプローチは、実践的なアプローチです。ここでいう「実践」とは、二つの次元が想定されます。一つは、学校における授業実践・カリキュラム実践です。この場合、各学校での授業実践の開発や分析、あるいは教科書研究をはじめとしたカリキュラム実践の分析や検討が具体的な研究アプローチとなります。筆者自身はこのアプローチをとっていますし、日本の授業と教科書の水準は世界的に見ても注目されています。このアプローチに関心がある場合は、関心のある学校段階と教科を想定して、関連する文献や資料を紐解いていくといいでしょう。もう一つは、授業実践を担う教師の養成・研修実践です。学校の教師は大学で養成され、教師に採用されてからは各都道府県・市区町村・学校段階で研修を積んでいきます。「教科」の成立は、大学における「教科教育学」の成立と連動しています。この分野に関心のある人は、教科教育学に関わる文献や「教師教育」に関わる文献を紐解いていくと、自分自身の関心とマッチする問いや回答が見つかるかもしれません。実践的なアプローチのどちらの次元の実践を対象にしても、その理論的な研究のバックグラウンドに触れておくことが必須になります。教育方法学やカリキュラム研究、教師教育や教科教育に関わる学会はその名を冠して日本にも存在していますし、教育方法学やカリキュラム研究の理論的・研究的なベースとなる文献もいくつも刊行されてきています。まずはこうした学会や研究の蓄積を読み解きながら、自分自身の関心や興味に合わせた新たな問いの設定や回答の導き出し方を模索していくとよいかもしれません。

おわりに

　ここまで読んでくれたみなさんに、最後に「なぜ教科で学ぶのか」という問いに対する筆者自身の実践的な関心からの回答をお示ししたいと思います。筆者は、私たちの目の前の世界を「教科」の学習によってさまざまに解

釈することが重要だと捉えています。その意味で、教科「で」学ぶことの意味が縮減されることはないと考えています。他方で、その「世界」を変革していくためには、教科「で」学ぶだけではなく、「教科とは何か」という教科そのもの「を」学ぶ必要があると考えています。つまり、エネルギー問題を理科「で」学習するとともに、なぜエネルギー問題を理科で学習するのか、社会科で取り扱われるエネルギー問題とどこが同じでどこが違うのかという学習から、理科・社会科とは何かという教科そのものを学習するという意味です。この意味で、筆者自身がここまでの思考で導き出した「なぜ教科で学ぶのか」という問いに対する回答は、教科「で」学ぶことの意味と教科「を」学ぶことの意味とを重ねて明らかにしていく実践的アプローチから、より鮮明にしていきたいと思っています。みなさん自身のアプローチに触れられる機会を楽しみにしています。

【付記】表3-1は早川知宏（広島大学大学院博士課程後期院生）および宮本勇一（同）が作成した。

●参考文献●

荒井嘉夫「今を生きる学力と受験学力―学びの原体験を問い直す―」教育科学研究会編『講座教育実践と教育学の再生３学力と学校を問い直す』かもがわ出版、2014年、85-105頁

柴田義松編『教科の本質と授業―民間教育研究運動のあゆみと実践―』日本標準、2009年

鈴木和夫『子どもとつくる対話の教育―生活指導と授業―』山吹書店、2005年

中央教育審議会「幼稚園、小学校、中学校、高等学校及び特別支援学校の学習指導要領等の改善について（答申）」、2008年

中野和光「教科学習と学力」同編著『特色ある学校づくりのための新しいカリキュラム開発第２巻教科の充実で学力を伸ばす』ぎょうせい、2004年、2-13頁

橋本武『伝説の灘校教師が教える』日本実業出版社、2012年

二杉孝司・佐藤学「教育内容の編成原理」柴田義松編著『教育課程編成の創意と工夫（原理編）』学習研究社、1980年、80-129頁

デイヴィッド・ハミルトン著、安川哲夫訳『学校教育の理論に向けて―クラス・カリキュラム・一斉教授の思想と歴史―』世織書房、1998年

吉田定俊「単元『水害と市政』の検討」『カリキュラム』60、誠文堂新光社、1953年、41-47頁

吉田成章・佐藤雄一郎「『論理的思考力及び表現力の育成』に向けた授業づくりの意義と課題―生徒のパフォーマンスとその評価のあり方に着目して―」広島県立庄原格致高等学校編『研究紀要―平成26年度文部科学省研究指定【論理的思考】実践報告書―』、2015年、125-140頁

Hopmann, S., Riquarts,1999,K., 'Das Schulfach als Handlungsrahmen - Tradition und Perspektiven der Forschung', Goodson, I. F., Hopmann, S., Riquarts, K.(Hg.), *Das Schulfach als Handlungsrahmen. Vergleichende Untersuchung zur Geschichte und Funktion der Schulfächer*, 7-28

第4章
先生はいつも何をしているのか？

はじめに

　学校の「先生」という仕事は児童生徒の成長を感じるときの精神的報酬によって支えられる職業です。子どもたちの成長を感じながら、みずからも成長できる職業です。学校の「先生」は、みなさんにとって、これまで小学校、中学校、高等学校と日々接してきたもっとも身近な職業のひとつですが、みなさんの目にはどのように映っているでしょうか。とても魅力的でしょうか。それとも、最近では「ブラック部活動」という言葉もありますが、忙しそうでキツそうでしょうか。では、なぜ、そのようなイメージをもっているのでしょうか。これまで授業やクラブ活動での指導、生徒指導、学校行事などで見てきた「先生」の姿から判断しているかもしれません。しかし、先生がいつもしていること、すなわち、先生の仕事はそれだけではありません。先生の仕事の実際は、教育を受ける生徒の立場からは案外見えにくいものです。

　本章では、まず先生の仕事を俯瞰します。それから、先生という仕事・職業が教育学ではどのように考えられてきたのかを見ていきましょう。

第1節　学校の先生の仕事を俯瞰する

第1項　「先生」とその類似語

　はじめに、「先生」という言葉について押さえておきましょう。学校の「先生」を指す言葉として、「教員」「教諭」「教職員」「教師」などがあります。

　「先生」は、学校の教師だけでなく、塾や予備校の講師、医師、政治家、弁護士、小説家などにも広く使われます。この言葉は、何かを教えてくれる人、尊敬している人につける敬称です。

　法律や公文書では、「教員」が使われます。つまり、学校に勤務して児童生徒の教育に直接的にたずさわる人を指す法制上の用語です。「教員」には校長・副校長・教頭・主幹教諭・指導教諭・教諭・養護教諭・助教諭などの職があります。「教諭」は「教員」のなかの一つの職名です。「教諭は、児童の教育をつかさどる」と法律（学校教育法第37条第11項：中学校、義務教育学校、高等学校、中等教育学校にも準用）に定められています。そして、教育にたずさわる教員と教育に関する事務・技術にたずさわる職員（事務職員や学校栄養職員など）を合わせた学校関係職員の総称が「教職員」です。

　「教師」は、師弟関係の「師」にあらわされるように、「教え導く人」「教育者」としてのあるべき姿や価値観を含んだ意味合いをもって使用されることの多い言葉です。

　本章では、主に「先生」を用いますが、上述にしたがって「教員」「教師」などを使い分けます。

第2項　仕事の内容

　それでは、学校の先生の仕事の内容を確認しましょう。

　小・中・高の学校種によって内容に違いはありますが、学校の先生の仕事は、（1）児童生徒への教育指導、（2）校務分掌、（3）外部との連携、（4）研修（研究と修養）の4つに分けられます。それぞれの具体は、次に示すよ

うに多岐にわたります。

（1）児童生徒への教育指導

　授業・学習指導（教科指導）、生徒指導・学級経営、部活動指導など、児童生徒への教育指導に関する仕事です。これらの指導をおこなうためには、事前の計画作成や教材準備、指導後の評価や記録の作成といったことも必要となります。その具体をまとめると、表4-1のとおりです。

表4-1　児童生徒の指導に関すること

(a) 授業・学習指導（教科指導）
・授業前の準備（指導案の作成、教材研究、教材作成、授業の打ち合わせなど） ・授業における指導（教科、総合的な学習の時間など） ・授業外の指導（休憩時間や放課後の個別指導、質問への対応、補習など） ・評価（テスト・試験の作成、採点、生徒の課題の整理、成績処理、通知表の記入、調査書・指導要録の作成など）
(b) 生徒指導・学級経営・進路指導
・児童生徒理解（能力、適性、興味・関心、家庭状況、生育歴、健康状態、友人関係などの理解） ・学級づくり（学級における望ましい人間関係、望ましい集団の育成など） ・教室環境の整備（掲示・展示、座席配置、清掃美化、整理整頓、設備危険防止など） ・学級事務（指導要録、出席簿、健康診断票、毎日の指導記録、学級会計の処理など） ・集団的な生徒指導（給食、清掃、登下校、安全、健康・保健等の指導など） ・個別的な生徒指導（個別面談、相談、課題を抱えた児童生徒の支援など） ・学校行事（遠足、修学旅行、体育祭、文化祭、入学式、卒業式など） ・生徒会の指導 ・進路指導
(c) 部活動指導
・平日の指導　　・遠征・試合の引率

（2）校務分掌

　学校の先生の仕事は、授業や学級経営など、先生一人一人の創意工夫に負うところが大きいです。しかし、先生は自分の教室のなかだけで単独で仕事をしているわけではありません。教育を目的とする学校という組織のなかで働いています。それぞれの先生がバラバラに指導すると、たとえ個々の先生

の力量が優れていても、学校として十分な成果をあげることはできません。先生たちがチームとなって協働的に教育指導することが重要です。また、学校を運営していくためには、子どもたちに直接的に働きかける教育指導だけでなく、その教育指導を支えるさまざまな仕事が必要となります。

　学校でなすべき仕事を総称して「校務」と言います。校務は膨大多岐にわたるので、すべての先生が分担・協働して取り組みます。その校務の役割分担を「校務分掌」と言います。各学校によって異なりますが、教務部、研修部、生徒指導部、進路指導部、総務・庶務部、保健部などがあります。たとえば、みなさんの経験のなかで、服装や頭髪検査で厳しい指導だったと感じる先生に出会ったことはないですか。その先生は、生徒指導部という校務分掌を担っていたからかもしれません。

（3）外部との連携
　社会が大きく変化するなかで、子どもを取り巻く状況の複雑さ・困難さが増しています。そのため、保護者との連携（学級だよりの発行、連絡帳への記入、電話連絡、授業参観日、学級懇談会、家庭訪問、個別面談、PTA活動など）、地域や関係諸機関（町内会や青少年健全育成に関する諸団体、教育相談機関、警察など）との情報交換・連携・協力がますます重要になっています。

（4）研修（研究と修養）
　（1）〜（3）の仕事をおこなう力量を高めるためには研修（研究と修養）が不可欠です。たとえば、担当の先生がときどき出張して代理の先生の授業を受けたことがありませんか。それは、担任の先生が教育委員会の研修機関である教育センターに行って校外研修を受けるためだったからかもしれません。また、先生同士がお互いの授業を見合ったり、公開授業や研究発表会で、多くの他校の先生たちが授業を見にくることはありませんでしたか。これは日本の学校で伝統的におこなわれている「授業研究」です。先生同士が協働でおこなう授業研究は「レッスン・スタディ（Lesson Study）」と呼ばれ

て、世界的にも注目されています。

　以上の（1）～（4）の仕事に伴って、校務運営上さまざまな会議（校務運営会議、職員会議、学年会議、教科会議、各部会・委員会など）がおこなわれます。

第3項　国際比較から見た日本の先生の仕事の特徴

　このように先生の仕事を書き出してみると、「先生という仕事は忙しい」と見えるかもしれません。実際、OECD（経済協力開発機構）が2013年に実施した国際教員指導環境調査（Teaching and Learning International Survey; 通称 TALIS）で、日本の先生の仕事時間が、諸外国と比べて、極めて長くなっている状況が明らかになりました。次頁の表4-2は、各国の先生（中学校の教員）の1週間当たりの仕事時間を表したものです。

　参加国（34か国・地域）平均と比較すると、日本の先生は次の点が特徴的です。

・1週間当たりの勤務時間は、参加国の中で一番長い
・授業の時間は、参加国平均と同じ程度
・一般的事務業務など授業以外の業務に多くの時間を費やしている
・課外活動の指導時間がとくに長い

　諸外国では、学校の先生の仕事は授業をおこなうことに特化されています。生徒の相談にのるのはスクールカウンセラーやメンターなどです。またクラブの指導には、専門のコーチがついていたり、学校よりも地域のクラブチームが中心だったりします。教職員総数に占める教員以外の専門スタッフ（ソーシャルワーカー、メンター、司書、看護職員、事務職員など）の割合は、日本が約18％であるのに対して、アメリカが約44％、イギリスが約49％となっています（中央教育審議会2015）。

　これに対し日本では、先生（教員）が教科指導、生徒指導、部活動指導などを一体的におこないます。先生が一人ひとりの子どもの状況を、学習面だけでなく生活面も含めて、総合的に把握して指導することを大切にしてきました。しかし、学校の抱える課題が複雑化・多様化するなか、先生が多くの

表4-2 各国の教員の1週間あたりの仕事時間

	日本	韓国	アメリカ	イングランド	参加国平均
仕事時間の合計	53.9	37.0	44.8	45.9	38.3
指導（授業）に使った時間	17.7	18.8	26.8	19.6	19.3
学校内外で個人で行う授業の計画や準備に使った時間	8.7	7.7	7.2	7.8	7.1
学校内での同僚との共同作業や話し合いに使った時間	3.9	3.2	3.0	3.3	2.9
生徒の課題の採点や添削に使った時間	4.6	3.9	4.9	6.1	4.9
生徒に対する教育相談（生徒の監督指導、インターネットによるカウンセリング、進路指導、非行防止指導を含む）に使った時間	2.7	4.1	2.4	1.7	2.2
学校運営業務への参画に使った時間	3.0	2.2	1.6	2.2	1.6
一般的事務業務（教員として行う連絡事務、書類作成その他の事務業務を含む）に使った時間	5.5	6.0	3.3	4.0	2.9
保護者との連絡や連携に使った時間	1.3	2.1	1.6	1.6	1.6
課外活動の指導（例：放課後のスポーツ活動や文化活動）に使った時間	7.7	2.7	3.6	2.2	2.1
その他の業務に使った時間	2.9	2.6	7.0	2.3	2.0

（出典：国立教育政策研究所研究企画開発部「OECD国際教員指導環境調査（TALIS）2013年調査結果の要約」、23-24頁から抜粋）

仕事を担うのは負担が大きいので、部活動の指導などを外部の人に任せるべきだという議論が進んでいます。

その一方で、TALISの責任者であったOECDのA. シュライヒャー（Andreas Schleicher）は、先生が授業以外にも生徒のために多くの時間を使っていることが日本の強みだと次のように評価しています（国立教育政策研究所2015、18頁）。

> 先生たちはただ授業を提供しているだけでなく、子供たちの社会的発達にもかかわっています。これは強みだと思います。多くの学校、特に

東北地方の津波経験後の学校で、私は実際に見ました。非常に感銘を受けました。教師たちができるだけ努力をして生徒たちを助けているのです。すごい強みだと思います。

第2節　先生は教える"専門職"である

第1項　専門職（プロフェッション）の行動原理

　これまで見てきたように、日本の学校の先生はさまざまな仕事を抱えています。子どもを取り巻く状況の複雑さ・困難さの増大、相次ぐ教育改革のなかで、場合によっては相矛盾した要求が学校の先生に寄せられています。ともすれば、先生たち自身も、自分たちはいったい何をしているのか、その仕事の意味や意義が見えなくなってしまいそうです。では、そもそも学校の先生という仕事とはどのような職業なのでしょうか。その在り方はどうあるべきなのでしょうか。

　教育学では、学校の先生という仕事、すなわち「教職」を、ふつうの労働者や公務員ではなく、「専門職（profession）」としてとらえようとしてきました。専門職である典型的な職業は、医師や弁護士です。英語では教職を「ティーチング・プロフェッション（teaching profession）」と言います。

　professionという言葉は、その語源においてprofessすなわち神の信託を受けた者を意味します。神の仕事を代行する者として登場し、神の意思を遂行することを使命としていました（佐藤2001）。

　専門職にたずさわる人の行動原理は、次のようなものです（岸本・久高1986）。
　①公共的な価値実現に貢献するという強い使命感と責任感をもつ
　②高度な専門的知識・技術をもち、それに対して自尊心と責任を有する
　③その専門性にもとづいて自律的な意思決定をして行動する
　④みずからの専門性を高めるために、絶えず研究と修養に励み、学び続ける
　こうした原理から、まずは、学校の先生という仕事（教職）の使命を見てみましょう。塾講師や家庭教師の使命は、「○○大学に合格したい」といっ

たその子どもや保護者の個別的・私的な要求や願いにこたえることです。これに対し、学校の先生の使命は、子どもたちの未来と社会の未来を創造することです。かけがえのない一人ひとりの子どもの人格の完成をめざすと同時に、社会や国家の形成者・担い手を育てることであり、公共的な価値実現に貢献するものです。ちなみに、学校の先生の使命の源となる教育の目的について、教育基本法第1条には次のように書いてあります。

　　（教育の目的）教育は、人格の完成を目指し、平和で民主的な国家及び社会の形成者として必要な資質を備えた心身ともに健康な国民の育成を期して行われなければならない。

第2項　使命を追求した先生　～大村はま～

　専門職として使命を追求した一人の先生を紹介しましょう。大村はま（1906～2005）は、「教える」ということはどういうことなのかに徹底してこだわった公立中学校の国語の先生でした。大村は、敗戦から民主国家の建設によって日本を再生するためには、話す力、書く力、話し合う力、つまり「ことばの力」を子どもたちにつけることが教師の使命だと考えました（大村／苅谷2003）。

　大村によれば（大村2006）、学校は教えるところ、教わり学ぶところであり、学力を養う専門の場所です。そこを職場とする教師は教える人であり、学力をつけることに責任を負っています。大村は、教師としての子どもへの愛情について、「やさしいことばをかける、頭をなでるのも結構だが、それらはみな二次的なことだ」「子どもへの真の愛情とは、どの子どもにも世の中を生き抜いていけるように力をつけることであり、力をつけさせられなかったら、子どもを愛したとはいえない」と言いました。

　そんな彼女が危惧したのは、子どもの自主性ばかりに気をとられて、教えることが即「詰め込み」と誤解され、教師が「教える」ことを遠慮する気風が強まっていることでした。大村は「教えない教師」の一例として、ある研究授業で見た光景を挙げています（大村2006）。作文の事後指導の授業で、

子どもたちが作文を書いた後、クラスで互いに作文を交換し、「こんなことをもっと書き足したらどうか」ということを手紙に書いて作者に渡し、もらった人はその助言に納得できたら自分の文章に手を入れるというものです。友だちから手紙をもらった男の子が、手紙を読んで納得したとみえて数行書きました。ちょうどそばに回ってきた先生に「書けました。これ、どこへ入れたらいいでしょう」と聞きました。すると、先生はその子の頭をなでて「それはこのいい頭が考えるのよ」と言いました。授業後の研究会では、ほほえましい情景だったと好評でした。しかし、大村は「そこまででは、何も教えていないことになる」と不満でした。

> 私がやるのだったら、まず「そうねえ」ってその文章をよく読んでみる。それから、「段落は5段ね。それでは2段目のあと、ここならいいかもね、いや、最後の段落の前でもいいかもしれないわね」とか、せめて考える焦点を3つぐらい出して、それはこのいい頭が考えるのよ、とやると思う。(大村／苅谷2003、121頁)
> そうすると、自分の文章を自然に読み返し、友だちからの手紙も読み返し、そして焦点をしぼって、ぐうっと考えることができるでしょう。(大村2006、32頁)

子どもに考えさせるためには、子どもに任せきりではなく、教え込みでもなく、「こういう読み方があったか」「こんな発想の仕方もあったか」と子どもの思考や発想を誘う教師からの「てびき」が必要です。大村にとってこれが「教える」ということであり、授業のなかで教師の使命を追求することでした。

第3項　教職の専門的知識・技術はどのような特質をもっているか

次いで、専門職として不可欠である高度専門的知識・技術について考えてみましょう。学校の先生には「子どもたちをどのように理解するか（児童・生徒理解）」「何を教えるか（教育内容）」「どのように教えるか（教育方

法)」などの専門的知識・技術が必要です。しかしながら、医師と比べて、学校の先生の仕事は、専門的知識・技術の体系化があまりなされていません。それは、次にのべる「不確実性」と「無境界性」という教育の仕事の特質のためです（佐藤1997、曽余田2011）。

「不確実性」とは、"この教育実践をすれば必ずこの成果が上がる"という保障がないことを意味します。医療では、どの医師であれ、この病気の患者に対してはこの処置（薬、注射、手術など）をおこなえば一定の効き目のある、確実性の高い知識・技術が存在します。しかし、教育の場合、ある先生が成功した教育方法を他の先生が同じようにおこなっても、成功するかどうかの保障はありません。その同じ先生でさえも、ある教室で成功したやり方が別の教室でも成功するとはかぎりません。それは、なぜでしょうか。子どもたちはそれぞれ固有の経験、生育歴、家庭の背景をもって学校にやってきており、一人一人成長・発達の仕方が違うからです。また、子どもたちは、一律の教育方法で一方的に働きかけられる"客体"ではなく、一人一人意思や思いをもって生きている"主体"だからです。教育は、子どもたちを"客体"として扱う仕事ではなく、"主体"としてかかわり合う仕事です。

もう一つの特質である「無境界性」とは、どこまでが先生の仕事の範囲や責任なのか、その境界線が不明瞭であることを意味します。医師の場合、患者に処置をおこない病気が治癒すれば、そこで仕事は完了します。しかし、先生の場合、たとえ担当の授業や学年が終わっても、そこでその生徒に対する教育自体が完了したわけではありません。生徒のためにやろうと思えばきりがない「終わりなき職務」です。

このような「不確実性」と「無境界性」は、学校の先生の仕事を困難なものにする要因です。しかし、それらの特質をもつがゆえに、先生の仕事は、たいへん創造的なものなのです。

第3節　先生も学び続けている

先生が、創造的に仕事をし、仕事をおこなう力量や専門性を高めるために

は、先にのべたように研修(研究と修養)が不可欠です。すなわち、学校の先生は教える存在というだけでなく、みなさんと同様、学び続ける存在です。

　みなさんが学校の先生になりたいと思ったら、大学の教職課程の授業を履修して、教職に必要な知識や技能を学び、卒業時に教員免許状を取得します。そして、都道府県等の教育委員会が実施する教員採用選考試験を受験して合格すれば、先生として採用されます。しかし、そこで学びが終了するわけではありません。大学の養成段階で身につけた力量は、教職生活に必要な最低限のものにすぎません。

　次の文章は、若い先生が「教師としての生き方に影響を与えたこと」について書いたものです。ここから、先生の学びとはどのようなものかを考えてみましょう(林1994、63頁)。

　　わずかな教育実習で、子どもたちの純粋さ、無邪気さに感動して、何もかもわかったようなつもりで、輝かしい毎日を思い描いて教員になりました。しかし、実際に教師になってみると、何事も思いどおりにいかず、自分が情けなくなることもしばしばありました。天使のような子どもたち、と思っていたのに、いざ就職してみると、その子ども達のことで悩みつづける毎日でした。(中略)でも、そんな子ども達が、何かちょっとでも、昨日とはちがう一面を見せて、成長が感じられると、やっぱりくじけずにがんばってみようという気になり、問題を解決するために、あの手この手と、手をかえ品をかえ、挑戦してきました。結局、何もうまくいかなかったけれど、それでもやはり、子どもの成長する姿が、教師としての生き方を考えさせてくれたと思います。

　先生の仕事は、不確実性のため、思いどおりにならないこと、うまくいかないことの連続です。しかしながら、授業や学級経営をおこなって「思いどおりにならない」「うまくいかない」と感じたときこそが学びの機会です。その際、「思いどおりにならない」「うまくいかない」ことにどのように向き

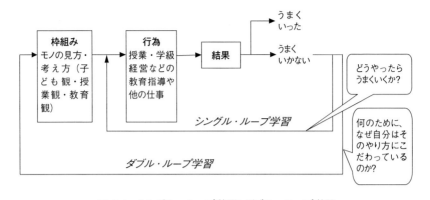

図 4-1　シングル・ループ学習とダブル・ループ学習
（出典:Argyris,C., On organizational learning, Blackwell Business, 1999, p.68をもとに筆者作成）

合うかによって、図4-1のように、2つのタイプの学びに分かれます。そのどちらの学びをするかで、教師としての成長が変わります。

　一つは、「その問題を解決するためにはどうしたらよいか」「どうやったらうまくいくか」を問い、問題解決することに役立つ知識やスキルを得て、授業や学級経営など仕事のやり方を変えようとするタイプの学びです。この学びは、知識や手法やスキルを量的に増やすことによって教師として成長できると考えています。ただし、授業や学級経営など行為の暗黙の前提になっているモノの見方や考え方の枠組み（子ども観、授業観、教育観など）は問い直していません。このような学びを、専門家の学習を研究したアージリス（Chris Argyris）とショーン（Donald Schön）は「シングル・ループ学習」と呼びました。

　もう一つの学びのタイプは、「ダブル・ループ学習」です。これは、自身の行為とその結果を通して、「自分のモノの見方はこれでよいか」「何のために、なぜ自分はそのやり方にこだわっているのか」とみずからの枠組みも振り返り、その適切性を問い直す学びです。この振り返りを"省察（リフレクション）"と言います。このような学びは、質的な自己変容を伴なう成長をめざします。

この若い先生は、悩み続けていろいろと挑戦をするなかで、「子どもの成長する姿が、教師としての生き方を考えさせてくれた」と書いています。きっと、「そもそも、自分はなぜ教師を志したのだろうか」「自分は、この子どもたちをどのように成長させたいと思って教育しているのだろうか」などと、みずからの行為の前提にあるモノの見方や枠組みを省察する「ダブル・ループ学習」をおこなったのでしょう。しかし、この先生が、「どうやったら子どもたちとうまくやれるだろうか」とか「どうやったら、授業や学級で発生する問題をうまく解決できるだろうか」と考えて、「こういう時は、こうやったらいいのだ、こうやるとダメなのだ」ということのみに学びの価値をおくならば、それは「シングル・ループ学習」になります。

おわりに

　以上、「先生」という仕事・職業が教育学ではどのように考えられてきたのかを見てきました。先生という仕事のイメージは、どのように変わったでしょうか。
　熟練した優れた教師といわれる先生は、子どもたちや教室の出来事について、みずからの枠組み（モノの見方）を一方的に当てはめて解釈しているのではありません。多角的に自分自身の見方を省察し組み替えて、子どもたちの可能性など、たえず新しい事実の発見をしています（稲垣・佐藤1996）。もし、先ほどの若い先生が、この先、子どもたちがよりよくなるように創造的実践に挑戦し、失敗を繰り返しながらも、同僚の先生たちと対話し、省察的に学び続けるならば、子ども観・授業観・教育観を深めて、子どもの成長の可能性を見取れる優れた教師として成長していくことができるでしょう。

●参考文献●
稲垣忠彦・佐藤学著『授業研究入門』岩波書店、1996年
大村はま『日本の教師に伝えたいこと』筑摩書房、2006年
大村はま／苅谷剛彦・夏子『教えることの復権』筑摩書房、2003年

岸本幸次郎・久高善行編著『教師の力量形成』ぎょうせい、1986年
国立教育政策研究所研究企画開発部「OECD国際教員指導環境調査（TALIS）2013年調査結果の要約」http://www.nier.go.jp/kenkyukikaku/talis/imgs/talis2013_summary.pdf（最終閲覧日2017年5月17日）
国立教育政策研究所「平成26年度教育改革国際シンポジウム　国際比較から見る今後の教育・教員政策とは―PISA・TALIS調査が与えた影響―」2015年3月 https://www.nier.go.jp/06_jigyou/symposium/i_sympo26/pdf/Report_h26.pdf（最終閲覧日2017年5月17日）
佐藤学著『教師というアポリア』世織書房、1997年
佐藤学「専門家像の転換―反省的実践家へ」、ショーン,D.著『専門家の知恵』ゆみる出版、2001年、1-11頁
曽余田浩史・岡東壽隆編著『補訂版　新・ティーチング・プロフェッション』明治図書、2011年
曽余田浩史編著『教職概論』協同出版、2014年
中央教育審議会「チームとしての学校の在り方と今後の改善方策について（答申）」、2015年12月21日
林孝「教師の力量形成と学校の組織風土・組織文化」平成5年度文部省科学研究費一般研究(C)研究成果報告書、1994年
Argyris,C., 1999, On organizational learning, Blackwell Business.

第5章
なぜ教室は息苦しいのか？

はじめに

　筆者が小学生の頃の教員には、今の基準で考えるととんでもない人が少なくありませんでした。もちろん、担任をしてくださった先生方にはたいへんお世話になったのですが、それでもこの年になって思い出すと首をかしげざるをえないことも多々あったように思います。

　たとえば、みなさんは学校の廊下をどうやって移動しているでしょうか。いったいどんな質問かと思うでしょうが、私の小学生の頃の先生には、子どもたちにウサギ跳びで移動するよう命じる人がいました。トイレに行くときも、別棟にある理科教室に移動するときも、体育や朝会で校庭に出るときも、いつもウサギ跳びで移動しなければならなかったのです。

　また、授業中に先生の質問に答えられないからといって子どもを殴る先生もいました。今ならば新聞沙汰です。他の先生が止めれば良いと思うのですが、他の先生も多かれ少なかれ体罰をしていました。当時はこういったことが普通に行われていたのです。

　そんな環境で過ごした小学生の頃、私は学校に行きたくなくて仕方がありませんでした。もともと勉強が好きではありませんでしたし、クラスメイトともうまく馴染めないうちは、教室にいるのが苦痛でしかありませんでし

た。毎晩、布団に入ると明日が来ませんようにと祈りながら寝ていました。しかし、明けない夜はありません。外が白みはじめるとひどく暗い気持ちになったものでした。

　みなさんの中にも私と同じような思いをしている人がいるでしょう。今も教室で辛い思いに耐えている人もいるかと思います。先生との関係だけでなく、友人関係や学校での活動で悩んでいる人は少なくないでしょう。どうして学校でそんな息苦しい思いをしなければならないのでしょうか。本章では、そうした教室の中の人間関係を、不登校といじめを手がかりにして考えてみたいと思います。

第1節　不登校は問題なのか？

　いじめや不登校について考えるには、大きく2つの視点があります。一つはそれらを社会問題の一つとしてマクロな視点でとらえるものです。もう一つは問題が生じている現場、つまり、教室や当事者といったミクロな視点から考えようとするものです。

　ここではまず、マクロな視点で考えてみましょう。マクロな視点で見ることで、不登校やいじめについてこれまで語られてきたこととは別の理解が可能になります。

　いじめや不登校が社会問題として大きく報道されるようになったのは1980年代の半ばでした。当時は1970年代の半ばに問題になった学歴主義や受験競争、さらにそれが引き起こした詰め込み教育がいじめや不登校の原因だとされたのです。

　不登校について論じられるとき、一般的には1970年代半ば以降の統計が用いられています。1970年代半ばには、不登校の児童生徒数はそれほど多くありませんでした。このころ、不登校は一種の病と捉えられ「学校恐怖症」と呼ばれていました。つまり、不登校は一種の病気であり、不登校になった児童生徒自体に問題があると考えられたのです。

　ところが、1980年代に入ると不登校の児童生徒数は急増します。この頃

第5章 なぜ教室は息苦しいのか？

から不登校は「登校拒否」と呼ばれるようになりました。「拒否」ですから長期欠席をする生徒は積極的に学校を否定していると理解されたわけです。つまり、当時の詰め込み教育や受験競争という学校が引き起こした問題に対する反発により、不登校が生み出されたと考えられたのです。

しかし、不登校は学校に対する反発だけから生じるものではありません。学校が好きで、学校に行きたくても、どうしても学校に行けない人は少なくありません。こうして価値中立的な、つまり、学校を肯定的にも否定的にも捉えない「不登校」という言葉が使われるようになったのです。とはいえ、当時は不登校の原因が学校にあるという考え方は大きく変わりませんでした。

実はこうした理解は、先ほど述べた1970年代半ば以降の統計によって作られたものです。ところが、長期欠席者の統計は、それ以前から存在しています。それを示したのが図5-1です。

この図からわかるように、確かに1970年代の半ばには長期欠席者の数は少なく、その後、急速に増加していることが分かります。しかし、1970年

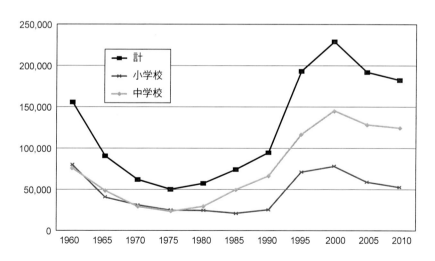

図 5-1　長期欠席児童・生徒数の推移
（出典：『文部統計要覧』平成 15 年度版、平成 28 年度版により筆者作成）

代以前には、長期欠席者の数が非常に多かったことが分かるでしょう。つまり、もともと長期欠席者の数は今と同じくらい多く、それが1970年代に急激に低下したのです。

この統計を見れば、不登校に対し、これまでとは違う考え方をすることも可能になります。つまり、もともと不登校の数は多く、一定数の児童生徒が長期欠席をしています。ですから、現在の不登校の数は当然の結果であり、ごく健全な状態だと考えられます。

むしろ問題なのは1970年代の半ばです。この頃、不登校の数が大きく低下したのは、学校に問題がなかったのではなく、学校に行かなければならない、あるいは学校を休めない何らかの力が働いたためだと考えられるでしょう。

1970年代の半ばに学歴主義や受験競争が激しくなっていた背景には、学校に対する過剰な期待がありました。学校で良い成績を取れば、さらに「良い」学校に進学でき、「良い」大学、「良い」就職が可能になると多くの人が信じていたのです。逆に言えば、学校で失敗してしまうと、将来は保証されないことになります。ですから、学校でどんなに辛い思いをしても、どうしても学校に行かなければならなかったのです。

このように考えれば、ある程度の子どもが不登校になることは自然なことなのかもしれません。部活やサークル、あるいは行事などで何らかの集団に入ろうとしたとき、集団の中で居づらい思いをした人は少なくないでしょう。周りの人たちと自分が、どこかあわないような感じがしたことはないでしょうか。

集団のなか、あるいは社会のなかでの疎外感は誰しも経験することです。自分で選択できる任意参加の集団ならば、自分でその集団から抜け出ることができます。しかし、学校のクラスのように、抜け出ることが非常に難しい集団もあります。そこでうまく適応できなければ、結果として不登校になることもあるでしょう。つまり、不登校は誰にでも生じる可能性がありますし、ある程度の数の児童生徒が不登校になることは、ある意味当然のことだと考えることができます。

第5章 なぜ教室は息苦しいのか？

第2節　いじめは深刻なのか？

　いじめが大きな社会問題になったのは、不登校と同様に1980年代の半ばでした。そのきっかけになったのは1986年に葬式ごっこという「いじめ」によって、ある中学生が自殺したことでした。この事件は教師も葬式ごっこに関わっていたこともあり、生徒の遺書の言葉「このままじゃ生き地獄になっちゃうよ」とともに大きく報道されました。それ以後、現在もなお、いじめは大きな教育問題の一つとなっています。

　では、いじめとはどのような行為を意味するのでしょうか。いじめという語は曖昧であり、それを定義するのは簡単ではありません。社会問題として取り上げられるようになった1980年代の半ばには、いじめは客観的に判断できるものとして定義されていました。1986年の文部省の定義では「①自分より弱い者に対して一方的に、②身体的・心理的な攻撃を継続的に加え、③相手が深刻な苦痛を感じているものであって、学校としてその事実（関係児童生徒、いじめの内容等）を確認しているもの」とされています。つまり、学校で認知されたものだけが、いじめとされたのです。

　しかし、これでは教師の目を盗んで行われるいじめには対処できません。そこで現在ではいじめの定義は次のように修正されました。つまり、2006年からは「当該児童生徒が、一定の人間関係のある者から、心理的、物理的な攻撃を受けたことにより、精神的な苦痛を感じているもの」とされています。したがって、現在では児童生徒がいじめられたと感じるものが、いじめだとされていることになります。

　いじめの発生数はどのように変化してきたのでしょうか。図5-2にはいじめ発生件数の変化を学校別に示しています。図中で線が途切れているのは、その年にいじめの定義が修正されたためです。

　この図から分かるように、いじめは小学校や中学校で多く高校では少ないことが分かります。また、いじめは周期的に増加していることも分かります。ほぼ10年おきに定義が変更され、そのたびにいじめの数が増加してい

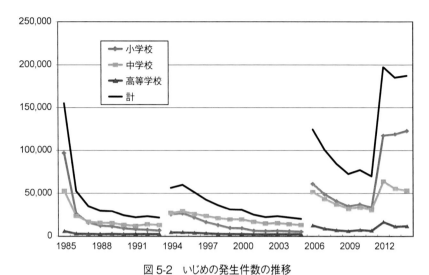

図 5-2　いじめの発生件数の推移
（出典：「児童生徒の問題行動等生徒指導上の諸問題に関する調査」平成26年度により筆者作成）
※図中で線が途切れているのは、その年にいじめの定義が修正されたためである。

ることが分かるでしょう。

　どうしてこのように周期的にいじめの発生件数は増えていたのでしょうか。それは増加した時期に、いじめによる自殺が大きな社会問題になったからです。

　図5-3には、朝日新聞に掲載された記事のうち、見出しに「いじめ」を含むものの件数の変化を示しています。この図から、いじめに関する報道はさらに極端に10年ごとに増加していることが分かります。これは先の葬式ごっこの事件以後、いじめによる自殺が社会問題になるたびに過熱した報道がされ、しばらくすると沈静化するという過程が繰り返されていることを意味しています。

　このように、実際のいじめの発生件数も、社会問題として大きく扱われることで増加していることが分かります。つまり、大きな社会問題になることで、いじめが人々の注目を集め、それまで見過ごされていたいじめも統計に

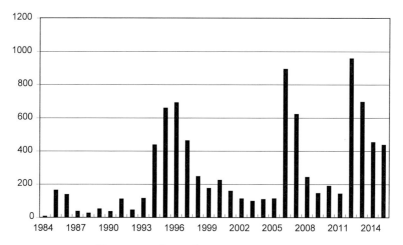

図5-3 『朝日新聞』で「いじめ」を見出しに含む記事の件数の推移
（出典:朝日新聞記事データベース聞蔵IIにより筆者作成）

含まれるようになったために増加したというわけです。

　最近では、こうした報道にはテレビや新聞だけでなく、インターネットが加わるようになっています。インターネット上では、いじめはさらに強く糾弾され、しかも、いじめ加害者だけでなく、その家族までも個人情報がさらされるなど激しく攻撃されてしまいます。2012年以後の発生件数、報道件数の増加は、こうしたインターネットによる批判の過熱も要因の一つになっているのでしょう。

　このように、いじめの増加を社会問題と結びつけてマクロな視点で考えることはできます。しかし、いじめの発生件数は少ないときでも2万件以上と、非常に多いという事実を無視するわけにはいきません。また、発生件数にかかわらず、いじめにあっている子どもにとっては、非常に深刻な問題であることを忘れてはなりません。それでは、なぜいじめは生じるのでしょうか。どのようにいじめに対処すればよいのでしょうか。

第3節　教室の生きにくさ

　不登校もいじめも、なぜ生じるのかを説明することは簡単ではありません。要因は数多くあり、また、原因が明確ではないことも少なくありません。そこで、ここからは、不登校やいじめの背景となる教室内での人間関係についてのミクロな視点による考え方を紹介しながら、不登校やいじめが発生する背景を考えてみましょう。

　最近になって、教室のなかの人間関係を示す言葉として注目されているのが「スクールカースト」です。スクールカーストとは、教室のなかに存在するカースト、つまり、生徒の身分の違いによる階層のことを意味しています。身分といっても、実社会のものではなく、たとえば教室内で友人が多く、人気のある生徒が高い身分となり、友人が少なく、存在感の薄い生徒が低い身分になるといったものです。人気のある生徒とは、コミュニケーション能力が高かったり、運動能力が高かったりする者のことが多いのでしょう。こうした生徒がいつの間にか教室内で高い身分に位置づけられます。

　また、現在の子どもは数人の集団で友人関係を作り、しかもそれが固定化する傾向が強いとも言われています。固定化されたグループで同じ価値観を共有する一方、他のグループの人たちを排除するなど「島宇宙化」（宮台1994）しています。そのため、教室では、こうしたグループでカーストが形成されることになります。

　カースト上位の生徒たちにとっては、カーストがあっても問題になりませんし、そもそもカーストなど目に入らないかもしれません。しかし、カースト下位の生徒たちにとっては、その存在は大きな問題ですし、そのために教室が非常に苦しく居づらい場所になってしまいかねません。スクールカースト下位の生徒が攻撃の対象になってしまうこともあるでしょう。こうしたカーストの構造が、いじめを生じやすくしているとも考えられます。

　また、子どもに求められるものが変化したことも教室のなかの人間関係を難しくしている要因の一つだと考えられるでしょう。かつて、学校での子ど

もに対する評価は、勉強だけでした。勉強の成績さえよければ、多少の問題行動は大目に見られることも少なくありませんでした。しかし、現在は「ハイパーメリトクラシー」（本田 2005）の時代になり、勉強以外の能力が評価されるようになっています。それは、コミュニケーション能力、人間関係の調整力、ようするによく使われる言葉で言えば「空気を読む」能力です。

　現在の子どもは、相手から嫌われないように、そして自分が傷つかないように人間関係を形成しようとしているとされます。浮いてしまわないように、繋がりが保たれるように細心の注意を払ってコミュニケーションをとっています。そこでの関係はまさに「友だち地獄」（土井 2008）といえるでしょう。その息苦しさに学校に行けなくなる子ども、浮いてしまったがゆえにいじめの対象になる子ども。こうした人間関係の難しさも不登校やいじめを生み出す要因の一つになっているのでしょう。

おわりに

　さて、ここまで社会現象としての不登校といじめをマクロな視点とミクロな視点で見てきました。最後に不登校やいじめの当事者になったとき、どのように対処するのかを考えておきたいと思います。もちろん、完全に解決する方法をここで提示することはできませんから、ここで検討するのは対処方法のごく一部になります。

　まず、不登校についてです。先にもお話ししましたが、一定数の子どもが不登校になるのは当然のことです。不登校であることは、何ら悪いことではありません。

　とはいっても、不登校の当事者、つまり、本人にとっても保護者にとっても不登校はたいへん辛いものでもあります。多くの保護者の方々が、子どもをなんとか学校に行かせようと日々心を悩ませています。子どもも学校に行けないことが続くと、いっそう自尊感情が傷つけられてしまいます。不登校は悪くないと考えて、現状を受け入れることは非常に難しいのではないかと思います。

かといって、どうすれば再び学校に行けるのかを示すマニュアルがあるわけではありません。不登校の要因はさまざまで、対処法や解決法も単純ではありません。

しかし、いくつか言えることはあります。その一つが、通っていた教室に戻ること、また、学校に行くことだけが将来に通じる道ではないと考えることです。

多くの不登校の子どもは、学校に戻ること、しかも、自分が所属していたクラスに戻ろうと懸命に努力します。ですが、一度不適応を起こした集団に戻ることは簡単ではありません。その際は環境を変えてみることも大切でしょう。可能ならば、別のクラス、別の学校で再び登校してみてはどうでしょうか。

それが難しければ、近年増加している不登校の子どもを支援する機関を利用することもできます。教育支援センターだけでなく、多くのフリースクールやサポート校ができています。そうした機関を通じて別の教育の機会を見つけることもありえるかもしれません。

近年は、こうした学校外の機関を利用して進学する人が増えています。不登校を経て大学に進学する人は少なくありません。しかし、大学に行くことは必ずしも不登校の解決になるわけではありません。大学に行かない、学校から離れたキャリアも存在するはずです。不登校になったからといって将来が閉ざされるわけではありません。不登校だからこそ見つけられる将来の夢や希望を持ってほしいと思います。不登校を楽しむことが大切なのかもしれません。

不登校になったとき、どうしても学校に行かなくてはならない、自分の教室に戻らないといけないと考えてしまうのは、日本の学校が教室（クラス）という単位で閉鎖的な人間関係を作っていることも原因の一つです。日本の学校では、クラスから抜け出ることは難しいですし、クラスを越えた人間関係があっても、固定的で閉鎖的になりがちです。

こうした人間関係の閉鎖性が、日本でのいじめをさらに深刻にしていると考えられます。とくにいじめは当初、良好だったはずの人間関係が、いつの

第5章　なぜ教室は息苦しいのか？

間にかゆがみ、深刻な問題になることが少なくありません。加害者がとくに隠さなくても、島宇宙化したグループ内での人間関係は外の人には見えにくいものです。いじめの被害者は、その人間関係から抜け出せなくなってしまい、その間にいじめはエスカレートしていきます。

教室や学校内の人間関係は絶対的なものではありません。そこから逃げ出す方法は少なくありません。もし、いじめられていると思えば、そうした人間関係はさっさと切って、そこから離れてしまうことが大切です。

また、いじめの被害者が強くなること、いじめ加害者と闘うことは確かに一つの方法でしょう。物語のなかでは、いじめ加害者に仕返しすることで、気持ちがすっきりする話は少なくありません。ですが、それができるのならそもそもいじめに悩んでなどいないでしょう。また、加害者と闘うことが状況を悪化させることも少なくありません。とはいってもただただ耐えて、泣き寝入りする必要はありません。もし自分がいじめにあっていると思えば、その状況を録音したり、写真に撮ったりしましょう。それがいじめの証拠になります。その証拠を持って、話しやすい人に伝えましょう。

といっても不登校やいじめの辛さから抜け出すことは簡単ではないでしょう。ここで挙げたことは、ほんの一例に過ぎません。ぜひ参考文献に挙げた本を読んでみてください。また、そこに挙げた本を手がかりに、さらに読書の幅を広げてみてください。自分が悩んでいることについてよく知ること、それが解決の糸口になるかもしれません。

●参考文献●

伊藤茂樹編著『いじめ・不登校』（リーディングス日本の教育と社会 第8巻）日本図書センター、2007年

加野芳正『なぜ、人は平気で「いじめ」をするのか？──透明な暴力と向き合うために』日本図書センター、2011年

酒井朗編『学校臨床社会学』放送大学教育振興会、2007年

鈴木翔『教室内（スクール）カースト』光文社、2012年

滝川一廣『学校へ行く意味・休む意味──不登校ってなんだろう？』日本図書センター、2012年

土井隆義『友だち地獄――「空気を読む」世代のサバイバル』筑摩書房、2008年
本田由紀『多元化する「能力」と日本社会――ハイパー・メリトクラシー化のなかで』
　　　　NTT出版、2005年
宮台真司『制服少女たちの選択』講談社、1994年
森田洋司『いじめとは何か――教室の問題、社会の問題』中央公論新社、2010年

第6章
いじめは「自尊心」と関係があるのか？

はじめに

　みなさんは、学校でいじめを見かけたり、その対象となったり、または関係したことがありますか？いじめには、無視、からかい、悪口、仲間はずれ、物かくし、暴力、インターネット上のいじめ、などたくさんの種類があります。では、なぜいじめは自尊心（自尊感情）と関係があるのでしょうか。本章では、実際に一政令指定都市にある中学校で行った質問紙調査（アンケート）をもとに、いじめと自尊心の関係を考えてみたいと思います。そして自尊心は家族や学校、友人との交友関係、そして地域社会など、みなさんの関わっている生活環境からどういった影響を受けているのかも検証します。

　なお、本章で用いる「いじめの定義」については、前章でも説明のあった文部科学省が平成18年度以降の調査に使用している「当該児童生徒が、一定の人間関係のある者から、心理的、物理的な攻撃（インターネットを通じて行われるものを含む。）を受けたことにより、精神的な苦痛を感じているもの。なお、起こった場所は学校の内外を問わない」（文部科学省2017）とします。また第2章でも「自尊心」について述べられていましたが、本章では、Self-esteem（セルフエスティーム）、Self-value（自己価値）、Self-respect

（自己尊重）というアメリカの社会心理学者ローゼンバーグ（Dr. Morris Rosenberg 1922-1972）により定義づけられた意味で用いることとします。日本語では「自尊心（セルフエスティーム）」は、「自尊感情」「自己肯定感」「自己評価」（岸見2010）などと訳されています。

第1節　近年のいじめ問題

　文部科学省は1966年から問題行動調査を行い、義務教育を受けている児童生徒の問題行動（暴力行為、いじめ、不登校、長期欠席、自殺等）について調査しています。いじめに関する調査は、昭和60年から「児童生徒の問題行動等生徒指導上の諸問題に関する調査」として毎年行われています。この調査は、いじめや、不登校、長期欠席など小学生から高校生までの児童生徒の問題行動の状況把握調査であり、より適した教育施策を目指すためだとされています。

　いじめに関して見てみると、いじめの数の増減はその調査方法の変化にも影響されています。たとえば、調査方法を変更した平成6年、平成18年度にはいじめの数が急激に増加しています。とくに平成18年には、いじめの定義が改められ、それまでの「発生件数」から「認知件数」となったことが大きく影響しました。

　また、いじめの認知件数の増加は、いじめによる自殺にも影響を受けます。とりわけ2011年10月に大津市で起きた中学2年生（当時）の男子生徒の自殺をめぐっては、被害男児の保護者が警察に提出した被害届が受理されなかったこと、そして、学校や教育委員会の対応に問題があったとして、翌年の2012年、全国的に大きく報道され、2012年8月には文部科学省大臣官房に「子ども安全対策支援室」が設置され、いじめ問題への対応が強化されました。そして最終的には2013年1月に第三者委員会が「いじめが直接的要因」とする最終報告書を提出し、これを受け、2013年6月には「いじめ防止対策推進法」が成立、同年9月に同法が施行されました。

　こうした一連の動きを受け、いじめの認知数は平成23年度（2011年）に

は70,231件であったにもかかわらず、翌、平成24年度（2012年）には198,109件もの数が報告されました。平成25年度、26年度と認知数は微減したものの、最新の調査報告である平成27年度には再び増え、全国の小学校・中学校・高校、そして特別支援学校で認知されたいじめの件数は、過去最大数22万5千件となっています（文部科学省2017）。

また、いじめの認知数と並行するように、不登校児童生徒（何らかの心理的、情緒的、身体的、あるいは社会的要因・背景により、児童生徒が登校しない、あるいはしたくともできない状況にある者で病気や経済的理由を除く）の割合も、平成24年度（小学校318人に一人、中学生39人に一人）から平成27年度（小学生237人に一人、中学生35人に一人）にかけて微増し、平成27年度は義務教育中の80人に一人が不登校児童生徒と報告されています（文部科学省2017）。そこで文部科学省は、スクールカウンセラーやスクールソーシャルワーカーの配置拡充や相談員の配置、そして24時間いじめ相談ダイヤルの設置など早期発見・早期対応を目指す体制を徐々に整えてきました。このような制度的な改善を目指す対策に加え、児童生徒の心の内面に注目し、近年注目されてきているのが次節で紹介する自尊心です。

第2節　なぜ「自尊心」に注目するのか

アドラー心理学によれば、「自尊心」とは「自己受容」であり、他者との関係性を築く上で欠かせないものです。下の表6-1が示すように自尊心が低ければ相手や自分を認められないなどの問題が生じるため、非常に大切なものであるとされています。また近年、特に研究が進んでいる自尊心、幸福感

表6-1　自尊心と自分と他者への感情の関係

	自尊心が低い	自尊心が高い
自分に対して	大切にできない	大切にできる
相手に対して	短所を指摘する	長所を指摘する

（出典：岸見一郎『アドラー心理学入門——よりよい人間関係のために』（1999年）と岸見一郎『困った時のアドラー心理学』（2010年）をもとに筆者作成。）

やQOL（人生の質）などの研究からも、自尊心が高まると幸福感や人生満足度が増すことが実証されており、大切なものであると認知されています（Suh2000）。

　2016年1月に文部科学省で行われた「全国いじめ問題子供サミット」では、全国46地域の小中学生142名が参加し、「いじめを見つけたらどうするか」というテーマにもとづき、「自尊感情」は「自分を価値がある、大切な存在だと感じること」、「自己肯定感」とされ、「一人一人が大切であると考え、誰もが価値のあるかけがえのない存在であることに気づくことが大切」であり、また「自尊感情はいじめを防ぐ鍵となる」、と発表されました（中国新聞2016年2月21日）。

　近年のいじめの研究としては、下田（2014）が2001年から2013年までのいじめに関する心理学的研究の先行研究を行っていますが、いじめ問題と自尊心との関係に関しては、その多くが、「いじめられると自尊心が低くなる」など学校保健の観点から心理的な見解を示しているものが多いです。また、いじめの被害者側か加害者側かを比べると、被害者側に注目した研究が数多くあり、加害者側に注目した研究はむしろ限られています。しかし、誰もがいじめにかかわる可能性も示されており、いじめ問題の解決に向けては、被害者だけでなく、加害者側の自尊心が実際にどう影響しているかも慎重に加味して検証する必要があります。

　そこで本章は「いじめ」に加害側・被害側として関係していた中学生の生徒といじめに関係していない生徒とを比較して、自尊心に違いがあるのかどうかを調べました。また中学生の生活する生活環境には、学校のほかにも、友達・家族・地域社会と複数の生活の場があります。こうした異なる生活の場面が自尊心に与える影響も検証しました。本章が中学生を対象としたのは、いじめの認知数が最も多く、悩みがあっても親に話さないなど、もっとも内省的な時期であり、また、日本では一番いじめの深刻度が高いのが中学生であるとされているからですが（本間2003、酒井2005、原他2006）、中学生と高校生の生活満足度の関連性の度合いが中・高校生で似ていることも検証されており（吉武ほか2012）、高校生のみなさんにも応用できる事柄であ

第6章　いじめは「自尊心」と関係があるのか？

第3節　調査内容

　本章では、いじめと自尊心の関係について、「いじめに関わると（いじめの加害・被害を問わず）、いじめに関わっていない生徒よりも、自尊心は高くなるのか、低くなるのか、それとも変わりないのか」、ということと、「自尊心は、家族や友達、学校や地域社会といった生活環境とどう関係しているのか」という2点に絞り報告します。

　質問紙調査のもととしたものは、アメリカの大学の心理学科の教授により開発され、公開されている Multidimensional Students' Life Satisfaction Scale, MSLSS）（児童・生徒の多面的生活満足度尺度）です。これは、「家族」「友達」「学校」「地域社会」「自尊心（自尊感情）」の質問項目が掲載されており、小学校3年生から高校3年生にあたる学齢期の児童生徒の多面的な領域に関わる満足度を測定できる尺度で、数多くの国で児童生徒の満足度調査に応用されています。

　今回の調査においては、質問紙にMSLSSの質問項目（「家族」、「友達」、「学校」、「地域社会」、「自尊心（自尊感情）」に、「いじめ」などの項目を加え、合計40の質問項目を載せました。たとえば、「家族」に関する項目では、「家で家族と一緒にいるのが楽しい。」「家族はみな仲良くやっている。」など、MSLSSの質問項目を筆者が和訳したものを作成しました。それぞれの質問は「強くそう思う。」「そう思う。」「どちらかといえば、そう思う。」「どちらかといえば、そう思わない。」「そう思わない。」「全くそう思わない。」の6段階の回答（6件法）で聞きました。そのほか、調査に参加している生徒さんの日常生活を知る手だてとなる、人口統計学的な質問項目（年齢・性別・誰と一緒に住んでいるか・家には何冊くらい本や地図などがあるか・通常、朝ごはんを食べるか、また、通常夕ご飯を誰と食べるか）なども加えました。

　調査は、2013年9月から2014年2月にかけて、一政令指定都市にある公

立の中学校5校において、中学1年生から3年生までの全校生徒を対象に行いました。無記名、自記式の質問紙調査で、報告者が用意した手引書に従い、それぞれの学校の学級担任の先生方が調査用紙の配布・回収を行ってくれました。各校0枚〜10枚未満の無効回答があり、合計2,179人分の有効回答（調査の分析に使える回答）を得ました。今回調査を行った各学校の詳細は表6-2に示す通りです。

表6-2　本調査協力校内訳一覧

調査校	A中学校	B中学校	C中学校	D中学校	E中学校
有効回答数	524枚 （男子266枚、 女子258枚）	73枚 （男子36枚、 女37枚）	474枚 （男子235枚、 女子239枚）	558枚 （男子275枚、 女子283枚）	546枚 （男子274枚、 女子272枚）
平均年齢	13.51歳	13.55歳	13.44歳	13.58歳	13.40歳
全体					
合計 男子=1086人（49％） 女子=1089人（51％） 記載なし=4名	年齢 平均年齢=13.49 男子の平均年齢13.50 女子の平均年齢13.48　（t=-0.496; df=2146; p=0.620） 平均年齢に男女の有意差なし。				

第4節　調査結果

　本章は、先に述べたように、MSLSSという教育心理で使われている尺度に筆者がいくつか項目を足したものを質問紙としました。そしてその質問紙を集計し、統計手法を使い分析しました。まずは質問項目を、因子分析（主因子法）という手法で項目ごとに分け、各項目ごと（「家族」「友達」「学校」「地域社会」「自尊心（自尊感情）」「授業・勉強」「いじめの加害」「いじめの被害」）、同じ種類の項目を複数合わせた合成項目を作りました。そしてこの合成項目が統計上信頼できるものかどうかを信頼性分析（Cronbach's Alpha）というもので調べたところ、それぞれ「家族（0.945）」、「友達（0.908）」、「学校（0.924）」、「地域社会（0.887）」、「自尊心（自尊感情）（0.921）」、「授

表6-3　項目別にみた平均値と標準偏差

項目群	男子（標準偏差）	女子（標準偏差）	Sig.
家族（家庭）	4.43（1.14）	4.67（1.07）	***
友達	4.96（0.92）	5.06（0.80）	**
学校	4.46（1.23）	4.58（1.10）	*
地域社会	4.74（1.10）	4.70（1.0）	n.s.
自尊心（自尊感情）	3.63（1.21）	3.42（1.03）	***
授業・勉強	3.59（1.22）	3.42（1.15）	**
いじめ（加害の経験）	4.54（1.38）	4.93（1.19）	***
いじめ（被害の経験）	4.80（1.36）	4.84（1.37）	n.s.
各項目群は合成項目として計算。男子n=1086; 女子n=1089; いじめの項目は加害についても被害についても少ない方が高い点となるよう、回答を反転して計算。			

***0.1％水準で有意、** 1％水準で有意（それぞれ両側）、* 5％水準で有意、n.s.有意差なし。

業・勉強（0.731）」、「いじめの加害（0.778）」、「いじめの被害（0.825）」とすべての質問項目は統計的な信頼性があることを示しました。つまり、調査結果を信頼できる、ということです。

　本調査は、回答を6段階で聞いていますが、その平均値を示したのが上の表6-3です。これを見ると、「家族」「友達」「学校」の項目群に関しては、女子の方が男子よりも満足度が高いことが分かります。一方で、自尊心（自尊感情）や、授業・勉強に対する自信については、男子の方が女子より満足度が高い結果となりました。いじめ（加害）の経験に関しては、男子の方が女子よりも有意に高くなりました。有意に高くなる、というのは、いじめ（加害）に関係していたのは、男子の方が女子より多かった、ということが、統計的に信頼できるということです。

　次に、いじめと自尊心との関係を見てみましょう。いじめに関係すると自尊心は高くなるのでしょうか。それとも低くなるのでしょうか。表6-4は、いじめの経験の有無による自尊心の高さを「T検定」という統計手法を用いて比較したものです。これを見ると、男女ともにいじめの被害者になると、いじめの被害経験のない生徒よりも統計的にも有意に自尊心が低くなりまし

表6-4 いじめの経験と自尊心

	全体		男子		女子	
いじめに関与あり（加害側）	3.46	n.s.	3.56	n.s.	3.28	n.s.
いじめに関与なし（加害側）	3.55		3.68		3.45	
いじめに関与あり（被害側）	3.21低	***	3.33低	***	3.09低	***
いじめに関与なし（被害側）	3.60高		3.72高		3.49高	

***0.1％水準で有意（両側）

た。これは、原・松村・藤田（2006）の「いじめの被害者（いじめられたもの）は、経験のないものよりも自尊感情が低い」、という結果と同じでした。一方で、いじめの加害側の経験の有無による違いは、本調査では男女ともに有意な差は見られませんでした。ただし、筆者が次年度（2014年9月～2015年2月）同じ学校で行った追跡調査では、男女ともにいじめの加害者も、いじめに関係していない生徒より自尊心が有意に低く出ました。

　次に、生徒の生活環境、つまり、家庭や学校、友達、地域社会などがそれぞれ子どもたちの自尊心とどのように関係しているのか、その相関関係を表6-5に示しました。相関関係というのは、2つの変量（値）の関係性のことで、2つの変量のうち片方が増えるともう片方も増えたり、逆に片方が減るともう片方も減る、もしくは片方が増えるともう片方が減るという関係性を意味します。その関係性を、1からマイナス1までで表し、0を相関なし、と呼びます。相関なし、というのは2つの変量に全く関係性がない、ということです。

　表6-5でまず注目してほしいのが、「学校」と「友達」の項目の相関の高さ（相関係数0.561）です。これはとくに女子に高く、女子では「学校」と「友達」に正の強い相関（0.61）が見られました。つまり、「学校が楽しい」、と答える生徒は、友達に関する満足感も高く、また、その逆も言えるということです。また、家族（家庭）と地域社会の相関も高く、0.547でした。そ

表6-5 平均・標準偏差・および相関

	平均	標準偏差	家族	友達	学校	地域社会	自尊心	授業・勉強	いじめ加害	いじめ被害
家族	4.55	1.12	1							
友達	5.01	0.86	0.379	1						
学校	4.52	1.17	0.438	0.561	1					
地域	4.72	1.05	0.547	0.452	0.536	1				
自尊心	3.52	1.13	0.435	0.461	0.469	0.442	1			
授業・勉強	3.51	1.19	0.407	0.291	0.496	0.401	0.446	1		
いじめ加害	4.74	1.30	0.213	0.187	0.143	0.147	0.110	0.164	1	
いじめ被害	4.82	1.37	0.151	0.335	0.188	0.127	0.189	0.126	0.448	1

0.561 → 本研究のなかで最も強い関係

0.448 → いじめの加害と被害の関係

相関関係はすべて1％水準（両側）で有意　n = 2179

して「自尊心」（自尊感情）も「学校」（0.469）や、「授業・勉強」（0.446）と正の相関がありました。とくに注目してほしいのは、0.448という「いじめの被害」と「いじめの加害」の相関係数です。これは、いじめの被害者になると加害者になる可能性・その逆の可能性を示しており、いじめの被害者は大いに加害者になる可能性があることが証明されています。

　では、自尊心に最も影響を与えるものは何でしょうか。これについては、男女で少し違った結果が出てきました。表6-6で示しているのは、重回帰分析という手法で分析したものですが、これを見ると男女ともに「授業や勉強」や「家族」の項目群は、自尊心に対して正の影響があるものの、男子では、「友達」が自尊心を予測するにあたり最も強い正の影響があることが分かりました。また、男子においては、いじめの加害経験を持つことが自尊心に負の影響を与えており（いじめをすると自尊心が低くなっていた）、女子とは違う結果となりました。

表6-6　自尊心（自尊感情）の向上を予測する満足度変数による重回帰分析

変数	標準化係数ベータ （男子）	標準化係数ベータ （女子）
家族	0.182***	0.171***
友達	0.279***	0.142***
学校	0.089**	0.169***
地域社会	0.091**	0.098**
授業・勉強	0.164***	0.257***
いじめの加害経験	− 0.062*	− 0.030
いじめの被害経験	0.074*	0.030

（男子 R^2 =0.379, n=1084, p<0.001.；女子 R^2 =0.390. n=1089, p<0.001）

　さらに本質問紙調査は、「たいていの日、朝ごはんを食べてから通学しますか」とか、「たいていの日、夕ご飯は家族と一緒に食べますか」、そして、「あなたの家には地図や本が合わせて30冊以上ありますか」といった家庭環境に関する質問項目も含めました。そこで、朝ごはんの有無によって自尊心の高さに違いがあるかどうかを、表6-4と同じようにT検定を用いて分析したところ、「たいていの日、朝ごはんを食べてから通学する生徒（n=2108）」は、「たいてい食べて来ない生徒（n=103）」と比べて自尊心は高く出ました（6を最高とするところの、3.84と3.48）。同様に、家族と一緒に夕ご飯を食べる習慣がある生徒（n=2040）とそうでない生徒（n=172）を比較したところ、夕ご飯をたいてい家族と食べる生徒の自尊心は6を最高とするところの3.84であったのにたいして、夕ご飯をたいてい家族と食べないとした生徒の自尊心は、3.66となり、こちらも家族と一緒に夕ご飯を食べる生徒の方が一緒に食べない生徒よりも自尊心が高いことが分かりました。朝ごはんの場合も、夕ご飯の場合も、どちらも統計的に有意な違いとなりました。

　続いて、夕ご飯を家族とたいてい一緒に食べるか、食べないかの違いの違いによる家族（家庭）に対する満足度を比較したところ、一緒に食べる生徒（n=2040）の家族に関する満足度が4.73であったのに対して、一緒に食べない生徒（n=172）の満足度は3.87となり、1点近く差が開きました。夕ご飯

と同様に、朝ごはんをたいてい摂る習慣のある生徒（n=2108）は、朝ごはんをたいてい摂る習慣のない生徒（n=103）と比較しても家族に対する満足度には有意に差が見られ（4.69と4.04）、朝ごはんを摂る生徒の方が家族に対する満足度が有意に高いことが分かりました。食事に関しては、栄養を摂るということだけでなく、家族と話したり時間を過ごす時間があるかどうかが家族（家庭）に対する満足度に違いとなって表れているとも考えられます。

　また、「家に地図や本が合わせて30冊以上あるかどうか」という質問に対する回答（有、無）による、「授業・勉強」の満足度を比較すると、こちらも、30冊以上ある生徒（n=1519）の、「授業・勉強」項目群の満足度は、3.67であったのに対して、所有していない生徒（n=681）は、3.39で、こちらも統計的に有意に差が出ました。普段から家に本・地図などがたくさんある家庭環境にある生徒の方が、そうでない生徒よりも「授業・勉強」に対する満足度が高く出ました。

おわりに

　本章は「いじめは自尊心と関係があるのか？」という問いに対して、公立の中学校で行った約2,200名の質問紙調査をもとに検証をしてみました。結論としては、いじめに関わる経験のある生徒は、そうでない生徒より、おおむね自尊心が低かった、ということです。具体的には、いじめの被害経験のある生徒の自尊心は、いじめに関係していない生徒の自尊心よりも男女ともに低くなりました。一方で、いじめの加害経験のある生徒の自尊心は、いじめに関係していない生徒の自尊心と比べて、統計的には有意差は見られませんでした（表6-4）。ただし、次年度に同校で行った調査では有意に低く出たこと、また、表6-5から明らかになったように、「いじめの被害者」は「いじめの加害者」に、「いじめの加害者」は「いじめの被害者」になる可能性を多分に含んでいたことから、いじめの被害を経験したとしても、加害者に、そしてその逆になる可能性があることを理解しておくべきでしょう。ま

た、他の生活環境などをすべて統計的に統制すると、男子に限っては、いじめの加害経験があると自尊心が低くなることが明らかになりました（表6-6）。いじめを経験することで、自尊心が低くなるということは、換言すれば、自己肯定感が下がることですから、他人はもちろん、自分も認められなくなる可能性が高い、ということです。このことからも、いじめという行為と自尊心は深く関わっていることが分かりました。

　また、「学校」と「友達」や、「学校」と「授業・勉強」、そして、「自尊心」と「授業・勉強」にも正の相関があり、中学生の学齢期の子どもたちにとって、学校が楽しいと思うには、友達との関係がうまくいっていないといけないし、また、授業や勉強に自信があると、満足していると学校にも満足するという結果となりました。さらに、「授業や勉強」で自信があると自尊心が高くなることも分かりました。このことから、自尊心がすべての生活環境と絡んで成り立っていることも分かりました。

　本調査は、朝ごはんや夕ご飯といった食事（の時間も含む）の大切さも、自尊心を高めることには大切だと、あらためて「自尊心」がさまざまな生活場面の中で育まれることを確認する結果となりました。「自尊心が高まると生活満足度も高まる」ことが明らかになっていますが、そのためにも、みなさんも自分の自尊心や、生活環境をあらためて見直してみるのもよいかもしれません。

【付記】本章は、平成25年度～27年度科学研究費（挑戦的萌芽研究）「子どもの自尊心の国際比較から解く、生きる力・いじめ・学校教育への示唆」（研究代表）の助成を受けて行った研究の一部です。

●参考文献●

岸見一郎『アドラー心理学入門——よりよい人間関係のために』ベストセラーズ（ベスト新書）、1999年

岸見一郎『困った時のアドラー心理学』中公新書ラクレ、2010年

酒井亮爾「学校におけるいじめに関する一考察」『愛知学院大学心身科学部紀要』第1号、2005年、41-49頁

第6章　いじめは「自尊心」と関係があるのか？

櫻井里穂「子どもの就学・労働と自尊心―ナイロビの小学校8年生の事例から―」、澤村信英・内海成治著『ケニアの教育と開発』第9章、2012年、173-192頁

下田芳幸「日本の小中学生を対象としたいじめに関する心理学的研究の動向」『富山大学人間発達科学研究実践総合センター紀要　教育実践研究』No.8、2014年、23-37頁

中国新聞「いじめ防ぐ鍵　自尊感情　広島の二葉中生徒『子供サミット』で発表」2016年2月21日第9面掲載。

原由梨恵・松村常司・藤田定「中学生の攻撃受動性とセルフエスティーム、社会的スキルに関する研究」『学校保健研究』48、2006年、158-174頁

菱田一哉他著「いじめの影響とレジリエンシー、ソーシャル・サポート、ライフスキルとの関係（第2報）―新潟市および広島市の中学校8校における質問紙調査より―」『学校保健研究』第53巻、2012年、509-526頁

藤原正光・鵜飼彩乃「親しい友人間における「いじめ」と性差―小学生の場合―」『文教大学教育学部　教育学部紀要』第43集、2009年、71-79頁

本間友巳「中学生におけるいじめ停止に関連する要因といじめ加害者への対応」『教育心理学研究』51、2003年、390-400頁

文部科学省『平成27年度「児童生徒の問題行動等生徒指導上の諸問題に関する調査」（確定値）について』文部科学省初等中等教育局児童生徒課、2017年

吉武尚美・松本聡子・室橋弘人・古荘純一・菅原ますみ「中高生の生活満足度に対するポジティブな個人内特性と対人関係の関連」『発達心理学研究』第23巻第2号、2012年、180-190頁

第7章
なぜコミュニケーション能力が必要なのか？

はじめに

　この本を読んでいるみなさんの多くはきっとスマートフォンをもっていることでしょう（これ以降、スマホと略します）。スマホではツイッターやフェイスブック、インスタグラム、ラインなどを使って自分の身近なことを発信したり、友人と連絡を取り合ったりしているのではないでしょうか。友人と一対一でメッセージのやりとりをすることもあるでしょうし、何人かの友人と一緒にグループを作ってメッセージのやりとりをしている方もあるかもしれません。みなさんにとってスマホは今や欠かせないものとなっていることでしょう。

　みなさんが日々行っている情報の伝達や意思疎通のことをここではコミュニケーションと呼びたいと思います。辞書を引けば、コミュニケーションとは「社会生活を営む人間が互いに意思や感情、思考を伝達し合うこと。言語・文字・身振りなどを媒介として行われる」（大辞泉）ということになります。スマホを通じたコミュニケーションは友人の幅を広げたり、つながりを維持するのにとても大切な役割を果たすことでしょう。しかし、その一方で、こうしたコミュニケーションに対して息苦しさを感じている人もいるのではないでしょうか。もしそうだとしたら、私たちはどうしてこのようなコ

ミュニケーションを行うのでしょうか。さらにはコミュニケーションをうまく行う力、つまり、コミュニケーション能力はなぜ必要なのでしょうか。この章では、コミュニケーションという言葉に注目して、様々な視点から捉えなおしていきたいと思います。

第1節　「キャラ」を演じる？

　まずは、コミュニケーションを情報通信機器の発展との関連から捉えなおしてみましょう。みなさんのような高校生が情報通信機器を通じて友人と密なコミュニケーションを行うようになったのは1990年代の半ば以降と考えられます。「0840」(おはよう)や「0833」(おやすみ)等のベル文字を使うポケットベル、メールやSMSを使うPHSや携帯電話を経て、今や主な情報通信機器はスマホになっていることでしょう。スマホを介したコミュニケーションには独特の工夫が必要です。いつでも着信や送信ができる分、どのタイミングでどのような言葉を相手に届けるか、どのようなスタンプや絵文字、「！」「？」などの記号を使うか。こうしたことがらひとつで、メッセージの意味が大きく変わってしまうこともあるのです。

　スマホに代表される情報通信機器が普及した時代には、教室における児童や生徒のコミュニケーションのあり方がそれまでとは異なるものになったと注目されました。学級の中では、円滑なコミュニケーションが求められ、生徒それぞれが時間をやり過ごすための役割を演じるようになったといわれています(土井2009)。それぞれの生徒はお互いに微妙に異なる発言をしたり、行動をとったりすることによって「キャラ」を演じ、お互いに「キャラ」としてコミュニケーションを行います。こうしたコミュニケーションにおいては、「キャラ」は重なってはならず、またコミュニケーションを妨げるようなものであってもならないのです。まるで漫才のように、あえておかしな発言をして、間を作り、友人の指摘(ツッコミ)を待って笑いを誘うようなコミュニケーションのスタイルも取られているといわれます。高校生の間では、KYとはさも「空気が読めない」かのような言動をすることによって、

コミュニケーションに抑揚をつける極めて空気の読める行動のことを指すこともあるのです。そこには、お互いがお互いを傷つけないように気を遣いあいながら、それでいて高度なコミュニケーションが求められる「優しい関係」があるのです（土井2009）。

「優しい関係」を維持するコミュニケーションは大変なものです。そうであれば、このようなコミュニケーションから下りてしまうことも一つの手でしょう。しかし、こうしたコミュニケーションから下りることは、教室内で孤立することを意味し、学習や学校生活にも好ましくない影響を与えかねないのです。

第2節　なぜコミュニケーション能力が必要なのか？

第1項　学校で身につけるべきコミュニケーション能力

　コミュニケーション能力は必要なのでしょうか。必要か必要でないかと言われれば、必要です。その理由を探るための手がかりとして、学校教育におけるコミュニケーション能力の位置づけられ方をみていきましょう。実は、学校教育ではコミュニケーション能力が積極的に取り上げられ、児童や生徒が学習して身に付けることが求められているのです。みなさん方が毎日学校で受けている授業は、学校教育を通じて教えるべき内容をまとめた文書、つまり『学習指導要領』によって決められています。『学習指導要領』の中では、すべての教科や教科以外の教育活動について目標や内容、指導計画の作成の仕方や内容の取扱い方が簡潔にまとめられています。この、『学習指導要領』の中にもコミュニケーション能力が位置づけられているのです（必ずしもコミュニケーション能力という言葉は使われませんが、趣旨はそういうことです）。

　『学習指導要領』では子どもたちにどのような学力をつけるかが問題となります。学力とはどのようなものでしょうか。漢字を正確に読んだり書いたりする力、計算問題を素早く正確に解くような力でしょうか。もちろんこうした力も学力に違いありませんが、1989年に改訂された『学習指導要領』

ではこうした学力観が新たな学力観へと変わりました。つまり、自ら学ぶ意欲や思考力、判断力、表現力が新たに学力として加わったのです。次の1998・1999年版では、他者とともに協調し、他人を思いやる心や感動する心などを含む「生きる力」が、子どもたちが身につけるべき力として示されました。2008・2009年版ではこれらが三つに整理され、学力の要素とされます。つまり、漢字の正確な読み書き等は、「基礎的・基本的な知識・技能」とされました。これ以外に、「思考力・判断力・表現力」、「主体的に学ぶ力」もまた学力として位置づけられるようになったのです。コミュニケーション能力に関係するのは、この三番目の学力、つまり「主体的に学ぶ力」です。この三番目の要素は、次の『学習指導要領』では、「どのように社会・世界と関わり、よりよい人生を送るか（学びに向かう力、人間性等）」として位置づけられているのです。

第2項　近代型能力からポスト近代型能力へ

　ではなぜ、『学習指導要領』が改訂され、コミュニケーション能力を子どもにつけることが求められるようになったのでしょうか。その要因の一つは社会の変化にあります。ここでは産業構造の変化に注目してみましょう。

　学校教育が普及した当初、たとえば小学校への就学率がほぼ100％に達した1910年前後には、就業人口の半数以上の人々が第一次産業の職業に就いていました。太平洋戦争が終わった後、高度経済成長が始まる1950年代以降、第一次産業の職業に就く人々の数は減り、代わって大きな割合を占めるようになったのが第二次産業や第三次産業です。1985年以降、第一次産業に就く人々の割合はついに10％を割り込み、最近では約5％という状況です。こうして第一次産業は5％以下、第二次産業が約25％、そして第三次産業が60％以上という今日の状況となりました。

　「社会の産業構造なんて、コミュニケーション能力と関係ないのでは？」そう思うかもしれません。いえ、必ずしもそうとばかりもいえないのです。たとえば、明治時代以降、政府は工業によって国を豊かにする殖産興業の政策をとりましたが、これを人材の供給の面で支えたのが、学校教育でした。

指示を正確に聞き取って理解し、実行する人、上司に対して従順な人、長時間の労働をするだけの体力や忍耐力をもった人が求められたのです。管理をする立場の人には、抽象的な記号を正確かつ迅速に操作する能力が要求されました。もちろん学校教育の目的は、社会が求める人材を養成することだけではありません。とはいえ、意図したにせよ、結果的にそうなったにせよ、学校教育はこのように社会が求める人材を育て、社会に送り出してきたのです。

　こうした状況は日本に限られたことではありません。政治や行政、経済の仕組みを整え、学校や病院をつくり、人々の成長や健康、暮らしを社会全体で保障するとともに管理する仕組みを取り入れ発展させた多くの国に共通するものです（このような変化を近代化といいます）。イギリスの社会学者マイケル・ヤング（Young, Michael, 1915-2002）はその著書の中で、学校教育が登場し、普及したことによって、それ以前の社会の秩序、つまり一部の特権的身分の人が支配する社会（このような社会の原理のことをアリストクラシーと言います）は打ち壊されたと言います。これにかわって人々が学校教育を通じて獲得した能力（メリット、つまり知能＋努力）によって身を立て、その能力に応じて世に出る社会になったといいます。このように能力＝メリットによって将来の社会的地位が決まり、社会の秩序が保たれる社会の原理のことをメリトクラシーと言います。

　ヤングの議論は仮想の社会を念頭においたものですが、現実の社会を捉えなおすための視点を与えてくれます。学校教育が始まって以来、今日にいたるまで学校を支配していた考え方はこのメリトクラシーだったといえそうです。メリトクラシーの社会では、分かりやすくまとめれば、ペーパーテストで測れるような知識や技能が社会のなかで求められ、これにすぐれた人が名声のある学校、大学、会社に入り、出世をしたのです。知識を正確に少しでも多く記憶する力、これを正確に再生したり、操作したりする力、こうした近代型能力が求められたわけです。また、こうした能力の獲得過程で必然的に求められる副次的な能力、たとえば、忍耐力や、計画を立て物事を実行し、継続する力なども求められましたし、学校の中で陰に陽に育まれたわけ

です。
　ところが2000年代以降、こうした状況が変化してきたといわれています。ペーパーテストで測定可能な能力に加え、高度なコミュニケーション能力もまた、社会の多くの領域で必要とされるようになりました。もちろん、周りの人とうまくやることはいつの時代でも求められる能力ですが、これがとても重視されるようになり、場合によっては決定的に重要になってきた、ということです。このような能力はポスト近代型能力（ポスト＝〜の後に、つまり近代社会が変化したのちの社会で求められる能力）といわれ、このポスト近代型能力によって人々の社会的な地位達成等が行われるようになったのです。このような社会の原理はハイパー・メリトクラシーと呼ばれます（本田 2008）。
　では、ハイパー・メリトクラシーの社会とはどのような社会なのでしょうか。それは知識を再現したり、技能を駆使したりすることに留まらず、ある個人の性格や心情など「柔らかい部分」までがむき出しにされ、仕事に必要とされる社会です。この社会では、自分とは考え方や生活スタイルを必ずしも共有していない人ともうまくコミュニケーションをとることができる人や、それまでに経験したことがないような課題にも果敢に取り組んで解決にあたったり、目標の達成ができるような人が求められます。ハイパー・メリトクラシーの社会では、コミュニケーション能力がある人は生きやすく、また重宝されるのでより高い地位についたり、より多くの収入を得ることができます。コミュニケーション能力が低くてもその人の価値が損なわれるわけではありません。しかし、コミュニケーション能力があることで人生を経済的にも精神的にも豊かに生きることができるのです。

第3項　コミュニケーション能力の多寡を決める家庭の豊かさ

　ではどうすれば、高いコミュニケーション能力を身につけることができるのでしょうか。日頃から多くの友人や大人と関わり、経験を積んでおくというのも一つの方法でしょう。しかし、身につけることのできるコミュニケーション能力には家庭環境が大きく影響していると言われます。

子どもが生まれ育つ環境は、それぞれの家庭の文化的・経済的・社会的な状況によって異なります。家庭にたくさんの蔵書があったり、休日に家族で動物園に行ったり芸術鑑賞をしたりしていれば、その家庭は文化的に豊かであるということができます。また、経済的な状況とは家庭の収入のことです。収入が多ければ多いほど、子どもは習い事をしたり、参考書などを手に入れやすくなるでしょう。さらには保護者が仕事はもちろんのこと、地域の人々等と良好な関係を築いていれば、その家庭は社会的にも豊かであるといえそうです。こうした家庭の文化的・経済的・社会的な状況が子どもの学業の達成度に影響するといわれています。それはたとえば、学業への動機づけの程度や、論作文等の試験で、顕著な差となって表れるといわれます。コミュニケーション能力はこれらと同じくらいに家庭の状況に左右されるといわれています。豊かな家庭の子どもはより高いコミュニケーション能力をつけることができるのです。

　しかし、このようなことは不公平だと思いませんか。子どもは生まれてくる家庭を選べないにもかかわらず、その家庭の状況によって、将来の職業や地位が決められてしまいかねないのです。誰に対しても教育の機会は等しく保障されるべきでしょう。そこで教育の機会均等を保障する役割を担ったのが学校です。教育の機会が均等に保障されたうえで、誰もがその達成度によって、自由に職業選択ができるよう、教育の条件整備が行われてきたのです。教育の機会均等が保障されることによって学校教育は社会全体から信頼を得ることができました。そしてそのことはまた、学校教育を受けた人々によって作られる社会全体の信頼や安定にもつながっていったのです（苅谷2009）。

第3節　コミュニケーション能力がないと問題なの？
　　　　　—「発見」される発達障害—

　ここでコミュニケーション能力が要求される社会において、もう一つ注意しておく必要があることがらがあります。それが発達障害です。発達障害

は、それまで「不器用な子」「落ち着きのない子」「変わった子」などとされてきた、学校のなかで生きづらさを感じている子どもに対して、その症状ごとに名前をつけたものです（木村2015）。2004年に制定された「発達障害者支援法」のなかでは、発達障害は、「自閉症、アスペルガー症候群その他の広汎性発達障害、学習障害、注意欠陥多動性障害その他これに類する脳機能の障害であってその症状が通常低年齢において発現するもの」（第2条）と定められています。より具体的には、自閉症は、他人との社会的関係の形成が困難になる行動の障害のことです。言葉の発達の遅れや興味や関心が狭いという特徴があります。アスペルガー症候群は自閉症の特徴のうちで言葉の発達の遅れがないものを指します。ADHD（注意欠陥（欠如）多動性障害）は、注意力がなかったり、行動が衝動的であったり、多動であったりして学習に支障をきたしている症状を特徴とします。学習障害は、全般的に知的な発達の遅れはありませんが、聞く、話す、読む、書く、計算する、推論する能力のうちで特定のものの習得と使用に困難を示す症状のことです（文部科学省「主な発達障害の定義について」）。

　発達障害がより多くの人々によって知られるようになり、さらに学校教育の中で発達障害への理解が広がってきたのは1990年代の後半以降です。発達障害の直接の原因は脳の機能障害にあることが分かっています。さらにその原因としては、遺伝的な要因と環境的な要因が複雑に関係しているといわれています。しかし、ここで注目するのは、発達障害が問題となったのはここ数十年の間であるということです。グラフをみてみましょう。図7-1のグラフは1987年から2016年の間に、ある新聞に掲載された記事の中で発達障害が取り上げられた記事の数です。これをみると、1987年に2件だった発達障害の記事の数は2000年以降に急増し、ピークの2009年には391件となります。また、別のグラフを見てみましょう。図7-2のグラフは、発達障害を含む、通常の学級だけでは学習を進めることが難しい子どもへの支援として行われる通級の対象となった児童・生徒数の推移です（1993年〜2015年）。このグラフを見ると発達障害のカテゴリー（自閉症、学習障害、注意欠陥多動性障害）が追加された2006年以降に発達障害とされ、通級の対象となっ

第 7 章　なぜコミュニケーション能力が必要なのか？

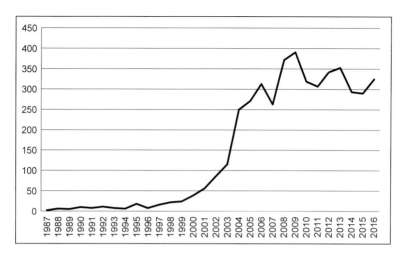

図 7-1　「発達障害」を含む新聞記事の数の推移
（出典：朝日新聞記事データベース開蔵Ⅱにより筆者作成。作成にあたっては木村 2015 を参考とした。）

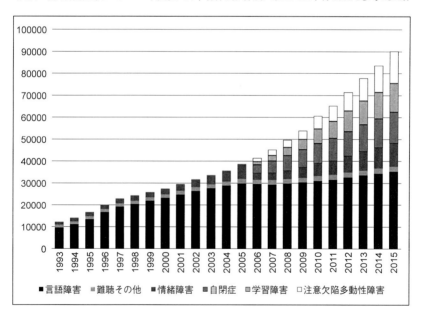

図7-2　通級による指導を受けている児童生徒数の推移（公立小・中学校合計）
（出典：文部科学省「通級による指導実施状況調査結果について」平成 25 年度、平成 27 年度調査をもとにして筆者作成。なお、和暦を西暦に変更してある）

ている児童・生徒数が急激に増加していることが読み取れます。その数は、2006年の6,894人から、2016年の41,916人へと10年間あまりで約6倍となっています。発達障害が急激に増えた背景には、学校が果たす役割が影響しているといわれています。小学校や中学校で学習をする児童や生徒は一人きりで学習をするわけではなく、授業やホームルーム、さらには運動会や文化祭などさまざまな機会にクラスメートと一緒に学ぶことになります。ここで周りの人たちとうまくコミュニケーションをとることができなかったり、落ち着いて学習に臨めなかったりする子どもは、「あれ?」「おかしいぞ」と教師による「気づき」の対象となります。そのうえで、保護者にも連絡がいき、場合によっては医師の診察を仰いで、「発達障害」の診断をつけてもらいます。こうしたプロセスを経ることで、気になる子どもは「発達障害児」となるのです(木村2015)。発達障害に気づいてもらえることは、児童や生徒の生きやすさにつながるでしょう。担任の教師ばかりではなく、学校の多くの教師からの配慮や適切な支援につながるからです。場合によっては、投薬治療等が行われることで、「発達障害」の症状が緩和できることもあります。

　ただ少しばかり見方を変えて、こうした状況に課題がないかどうか考えてみましょう。ここでは、もともとはコミュニケーションという他者との関係性の中で生じた課題が「発達障害」として個人の問題へと転嫁されていることが指摘できます(貴戸2011)。コミュニケーションはある人間関係のなかで行われますから、いつ、どのような人と接するか、その人との関係がどのようなものとなるかということに影響されます。こうしたことは、たまたまそうなったという面が大きなものです。それにもかかわらず、「発達障害」は個人の問題として固定されてしまいかねないのです。もしも「発達障害」に対する偏見があるとしたら、「発達障害」が認められることはかえってその人の生きづらさにもつながってしまうかもしれません。

第4節　コミュニケーション能力を飼い馴らす?!

第1項　コミュニケーション能力概念を一度崩してみる

　私たちの社会はコミュニケーション能力によって人生の多くのことが決まってしまうような社会なのでしょうか。たしかにコミュニケーション能力は大切です。しかし、コミュニケーション能力を絶対的な尺度とすることには課題がないわけではありません。こうした課題を析出しながら、よりよい社会、よりよい教育を構想するということも大切なことではないでしょうか。そのためにはコミュニケーション能力を捉えなおし、新たな着想を得る必要があります。

　その手がかりとして、ここでまず取り組んでみるのが、コミュニケーション能力という概念を一度崩してみるということです。コミュニケーション能力があるというと私たちはどうしてもこれを実体視しがちです。たとえば、「生徒会長のAさんにはコミュニケーション能力があるけれど、君にはないよね」というとき、Aさんの中には、コミュニケーション能力に対応するなにものかが備わっていて、これをコミュニケーション能力といっているように思えます。ですが、コミュニケーション能力に対応するなにものか、とはどのようなものでしょうか。どうもこうした捉え方ではうまくいきそうにありません。そこで、能力の捉え方を変えてみましょう。およそ能力というものは、机やいすなど、実在するものに対応した概念ではありません。能力が組み込まれた社会的な実践から私たちが創り上げた概念、いわば構成された概念なのです（大森1998）。私たちは、コミュニケーションがうまくいっているさまざまな社会的な実践を観察したとき、その実践を行っている人たちに対して、コミュニケーション能力があるというようにいっているのです。

　このような新たな視点をとることで、能力を実体視することなく、かといって無視することもなく、うまく付き合っていける、つまりやっかいなものかもしれませんが、工夫して、まるで飼い馴らすかのようにすることができるのではないでしょうか。現在ではさまざまな能力概念は以前にも増して

その評価方法や評価が行われる文脈も配慮しながら議論されるようになりました（松下2010）。これは能力概念を実体視することなく、時代状況に応じて組み替えていく、いわばコントロールすることが可能になってきていることの証拠といえそうです。こうした視点に立つとき、先ほど取り上げた発達障害はどのように捉えなおすことができるでしょうか。

第2項　発達障害の捉えなおし

　実は、発達障害には、二つの英語表記があることが知られています。一つは、developmental disorderであり、もうひとつはdevelopmental disabilityです。どちらも日本語の訳語は発達障害ですが、前者は主に生物学的な視点から発達障害を捉えているのに対して、後者は、主に社会的・福祉的な視点から発達障害を捉えています。前者のdevelopmental disorderでは、発達障害の原因は、何らかの物理的な疾患に求められ、原因の追究と治療法の模索が行われます。他方、後者のdevelopmental disabilityでは、発達障害が問題となった状況や人間関係に着目し、発達障害が問題となる環境を組み替えることで、問題の解決が図られます。

　こうした視点の違いは、世界保健機関（World Health Organization: WHO）が発表している障害の尺度の違いにも表れています。かつて、WHOが出した尺度は、疾患や変調を原因とし、機能・形態障害、能力障害につながるとするICIDH（International Classification of Impairments, Disabilities and Handicaps）でした。こちらはもっぱら、身体的・物理的な側面に注目したものです。これに対して、近年、発表されたのがICF（International Classification of Functioning, Disability and Health）です。ICFは従来の機能障害に加えて、社会的な関係や環境因子も考慮する画期的なものです（落合2016）。たとえば、ICFの考え方を取り入れることによって、発達障害への対応は投薬以外にもできるようになりそうです。さらには、様々な道具を使用することによって学習障害を緩和したり、お互いにどのような関係を結んでいくのか、ということを考慮したりすることで発達障害に伴う生きづらさを緩和することができるようになるのです。

第 7 章　なぜコミュニケーション能力が必要なのか？

おわりに

　この章では、ここまでコミュニケーション能力について考えてきました。なぜコミュニケーション能力が必要なのか？ この問いに答えることは難しいことですが、一つの答えとしてコミュニケーション能力が求められる社会の中で、コミュニケーション能力があることで良好な人間関係を築くことができ、より豊かな人生を送ることができるから、ということができるでしょう。ましてや現代の社会は繊細で円滑なコミュニケーションが求められるようになっており、その度合いも高まっているのです。

　この章ではさらに一歩進んで、「そもそもコミュニケーション能力とは何か？」という、より根本的な問いについても考えてきました。日々のコミュニケーションにすぐに役立つノウハウを得て、実行することももちろん大切ですが、コミュニケーション能力を捉えなおしたうえで今後求められるコミュニケーション能力を考えてみるという一歩引いた視点も大事になるでしょう。このことが、私たちがこれから生きていく社会やその中で行われる教育を構想することにつながるのです。

●参考文献●

落合俊郎「発達障害からみる現代の教育と発達論」秋田喜代美編『変容する子どもの関係』岩波書店、2016年、243-277頁

大森荘蔵「構成概念と実在性」『大森荘蔵著作集第一巻』岩波書店、1998年、181-210頁

苅谷剛彦『教育と平等―大衆教育社会はいかに生成したか―』中央公論新社、2009年

貴戸理恵『「コミュニケーション能力がない」と悩むまえに―生きづらさを考える―』岩波書店、2011年

木村祐子『発達障害支援の社会学―医療化と実践家の解釈―』東信堂、2015年

土井隆義『キャラ化する／される子どもたち―排除型社会における新たな人間像―』岩波書店、2009年

本田由紀『軋む社会―教育・仕事・若者の現在―』双風舎、2008年

松下佳代「〈新しい能力〉概念と教育―その背景と系譜―」『〈新しい能力〉は教育を変えるか―学力・リテラシー・コンピテンシー―』ミネルヴァ書房、2010年、1-42頁

文部科学省「主な発達障害の定義について」http://www.mext.go.jp/a_menu/shotou/tokubetu/004/008/001.htm（最終閲覧日2017年2月24日）

文部科学省「平成25年度通級による指導実施状況調査結果について」http://www.mext.go.jp/a_menu/shotou/tokubetu/material/1345110.htm（最終閲覧日2017年2月24日）

文部科学省「平成27年度通級による指導実施状況調査結果について」http://www.mext.go.jp/a_menu/shotou/tokubetu/material/__icsFiles/afieldfile/2016/07/07/1370505_03.pdf（最終閲覧日2017年2月24日）

第 8 章
なぜ国際理解教育が必要なのか？

はじめに

　今日、私たちは政治や経済、社会、文化など諸分野において「国際化」や「グローバル化」という語に頻繁に接するようになりました。情報通信技術の発達は国家間の相互依存の急激な増加をもたらし、グローバル社会のなかで他国・他文化を理解することの必要性が提起されています。学校現場では「国際理解教育」が強調され、みなさんも「グローバル社会」、「多文化社会」、「地球的課題」、「未来への選択」などを内容とする授業を受けたことがあると思います。このような動向は国によって多少の違いはあってもその目的と趣旨は同一のもので、日本だけでなくグローバルに拡散しています。

　さて、ここで質問です。みなさんは、自分がグローバル・多文化社会の一員であることの自覚がありますか？また地球的課題と自己の生き方がつながっていて、課題の解決に自分が寄与できると思いますか？多分、多くの人がこの質問に理解を示しながらも、心から「Yes」と答えられる人は少ないかもしれません。それは、学校で何となく学んだことはあるけど、自分の生活と国際理解教育に関連する抽象的な概念が同一線上にないと考えるからではないでしょうか。

　みなさんの身近なところから考えてみましょう。今やスマートフォンを簡

単に操作するだけで世界中の情報が得られ、世界各地の人々とつながるようになりましたね。またスーパーに行けば、どこかも知らない国からの商品がずらりと並び、買い物の選択の幅が広くなりました。みなさんが毎日の通学で利用するいろんな交通手段が外国からの原料に支えられていることはいうまでもありませんね。その原料を適正価格で買うために国の官僚や商社のサラリーマンは、今この時間にも世界中の情報を集め、世界のいろんなところに赴いています。彼らが情報に疎かったり外国との取引で失敗したりしたら、明日のみなさんの食べ物や乗り物などに変化が起こるかもしれません。このように、今日の私たちは情報通信技術などが急速に進歩する情報化社会を生きており、グローバルなつながりも日々強いものになってきています。

　このような私たちの生活の変化から、この章では「国際理解教育」の必要性についてみなさんと一緒に考えてみたいと思います。自覚していないだけであって、私たちは、実は既に国境を越えて世界中の多くの国、人と相互依存の関係にあり、地球という舞台を背景にした共同体を形成しています。しかし、この社会はしばしば偏狭な利己主義と互いに対する無知、そして利害関係によって葛藤や紛争を起こすことがあります。そうであるなら、この地球共同体をよりよくしていくためには、どのようにすればよいでしょうか。本章では、国際理解教育を概観しながらその答えを求めていきたいと思います。そのために、ユネスコによる「国際理解教育」の提唱をはじめ、「グローバル化」、「多文化社会」、「持続可能な開発」、「グローバル・シティズンシップ」の視点から国際理解教育について考えてみましょう。

第1節　国際理解教育の提唱
―世界平和を目指すユネスコの国際理解教育―

　「国際理解教育」は、日本国際理解教育学会『現代国際理解教育事典』（2015、明石書店）によれば、国際化・グローバル化した現代社会の中で生きていくために必要な資質や能力を育成する教育と定義されています。そして、その目指す人間像は、「人権の尊重をもとにして、現代世界の基本的な

特質である文化的な多様性及び相互依存性への認識を深めるとともに、異なる文化に対する寛容な態度と、地域・国家・地球社会の自覚をもって、地球的課題の解決に向けてさまざまなレベルで社会に参加し、他者と協力しようとする意志を有する人。同時に情報化社会のなかで的確な判断をし、異なる文化をもつ他者とコミュニケーションを行う人」と記載されています。

　国際理解教育のはじまりは、二度にわたる世界大戦への省察と深く関係しています。20世紀に入って、人類史上最初の世界大戦を経験した諸国は戦争の悲惨さと平和の大切さを認識するようになり、学校教育から民族主義や盲目的な愛国主義、そして好戦的な概念を取り除くことに努めました。しかし、二度目の世界大戦が勃発し戦禍の苦しみが繰り返され、みなさんも学んだとおり人類は初めて核兵器の脅威を知ることになります。このような戦争の経験から人類は「平和」と「共生」の大切さを学び、そのための教育の必要性を再認識するようになったのです。

　終戦の翌年である1946年、「平和」と「共生」の世界を構築するために教育・科学・文化分野における国際協力を目指して国連（国際連合、United Nations：UN）傘下にユネスコ（国際連合教育科学文化機関、United Nations Educational, Scientific and Cultural Organization: UNESCO）が設立されました。ユネスコは、設立当初から二度と戦争を繰り返してはならないという反省のもと、「人の心の中に平和のとりでを築く」ために世界平和を目的とする国際理解の増進を強調しました。そして、関連するさまざまな事業領域の中でも、特に国際理解教育に重点を置いていましたが、その概念や教育内容・方法は、時代の経過とともに変化してきました。その議論を時代別に並べてみると、「国際理解のための教育」（1947年）、「グローバル市民のための教育」（1950年）、「世界共同社会に生きるための教育」（1952年）、「国際理解と国際協力のための教育」（1954年）、「国際理解と平和のための教育」（1960年）など多角的な検討がなされたことが分かります。また1953年からはユネスコ協同学校（UNESCO Associated Schools Project：ASP）を通して国際理解教育の実践的な研究が推進され、「平和」や「人権」、「持続可能な開発のための教育」、「異文化理解」などの多様なテーマで展開されています。

戦後の国際社会では大きな変化がみられました。冷戦体制が固着するなか、南北問題や国境を越える地球規模の環境問題などが深刻化し、人類の相互依存や共通課題に対する認識が強調されました。このような背景から、1974年の第18回国連総会では「国際理解、国際協力及び平和のための教育並びに人権及び基本的自由についての教育に関する勧告」が採択されますが、ここでは、国際理解教育の目的を7項目で要約しており、その内容は次のとおりです。
　①インターナショナルな側面とグローバルな視点をすべての教育段階・形態に反映する。
　②すべての民族やその文化、文明、価値及び生活様式を理解して尊重する。
　③民族と国家間のグローバルな相互依存性が増大していることを認識する。
　④コミュニケーション能力を育てる。
　⑤個人、社会集団、国家間にはそれぞれ権利と義務があることを認識する。
　⑥国際的な連帯と協力の必要性について理解する。
　⑦地域社会、国家及び世界の諸問題解決のために自発的に参加する。
　この1974年の勧告は、世界平和と国際協力のために全人類が遵守すべき基本原則を提示したもので、現在に至るユネスコの国際理解教育に関する唯一の勧告です。
　その後、社会主義体制が崩壊し、1990年代には情報通信技術と交通手段の発達によって急激にグローバル化が進むとともに世界各地で民族紛争が激化し多くの難民が発生しました。そこで、1995年にユネスコは「平和、人権、民主主義、国際理解と寛容のための教育（Education for Peace, Human Rights, Democracy, International Understanding and Tolerance）」を提唱して、「平和文化のための教育」、「世界寛容の年」を公表するなど「平和」と「国際協力」のための具体的なガイドラインと行動枠組みを提示しました。特に、この行動枠組みはナショナルなレベルに限定されないグローバル時代のシティ

ズンシップ教育の研究を提起し、後に「21世紀のシティズンシップ教育」（1998年）へとつながっていきます。

　このように、国際理解教育は、戦後、世界平和を目指すユネスコの価値を中心に展開され、時代的な状況とニーズによって多角的な視点から検討がなされ、現在は地域・国家別の実情に応じた再解釈が加わった形で進められています。時代的背景による国際理解教育の中心的な価値の変遷をたどってみると、初期は国際理解教育や平和教育、歴史・地理教科書の改編に取り組み、1950～1970年代には文化間理解教育、1980年代には環境教育、1990年代には人権教育、2000年代には持続可能な開発のための教育、そして最近はグローバル・シティズンシップ教育など、時代的状況とニーズを考慮して変化し続けてきました。そして、地域・国家によるその特徴をみれば、歴史的な背景が異なる多様な民族・人種によって構成されるヨーロッパでは異文化間理解をもとにしたグローバル・シティズンシップ教育が強調されています。またアメリカは2001年9月11日の「アメリカ同時多発テロ事件（以下「9・11テロ事件」）」を契機に国内及び国際社会における反テロ教育を中心にしたグローバル教育が展開されています。一方、日本では、国際理解教育が総合学習の4つのテーマのうちの一つに指定され持続的に実践されており、中国では国内の少数民族の多様性と国際的な相互依存への理解をはかる方向で学校教育の実践単位として積極的に取り組んでいます。

　それでは、次は今日の国際理解教育の主要な領域を中心に、その環境と必要性について考えてみましょう。

第2節　「グローバル化」に対応するために

　前にも触れた情報通信技術の急速な発達はグローバルな規模のネットワークの構築を可能にさせ、経済や政治、文化などの諸分野におけるグローバル化の進展を促しています。グローバル化が本格的に論じられるようになったのは1990年代後半からですが、それまでは国民国家が世界を構成する主な単位として認識されていました。そこで、国家・民族間の葛藤や紛争を解決

して世界平和を実現するために、他国やその国の人々、また彼らの文化を理解することの必要性が求められました。ところが、21世紀を迎えた今日、国家間の関係だけでは解決できない課題が増加しており、ナショナルな視点だけでは急変する世界の情勢を理解することができなくなっています。世界各地で起きていることは国境を越えて影響を与え、政策や制度などの国家体制の枠組みだけでなく、地域住民の日常生活や価値観などの変化をも促しています。私たちが「グローバル社会」を生きているということはこういう意味です。

このような「グローバル社会」とともに大きな影響を及ぼしたのがグローバル経済の出現です。世界銀行（World Bank）や国際通貨基金（International Monetary Fund: IMF）、そして世界貿易機関（World Trade Organization: WTO）のような国際機関の名称はニュースでよく聞きますね。世界中の為替や貿易に影響を及ぼすこれらの機関の影響力がどんどん強くなってきています。それまで国単位で言及されてきた経済に関わる議論が、今や国際機関が唱える自由貿易の流れのなかで、他国との無限競争を強いられています。もちろん、統制の効かないグローバル化が市場の自由を拡大して、最終的には社会の両極化の深化をもたらすと憂慮する人々もいます。みなさんは、自国の経済成長・発展を基調にし格差を容認する社会と、みなが平等に共生できる社会、どのような社会像を描きますか？

このようなグローバル情勢のもとに世界各国で国際理解教育の必要性が強調されています。そして、学校教育を含む多様な教育分野においてさまざまな取り組みが展開されています。その様相には国際理解教育の多義的な概念や解釈などにより各地域・国家によってその内容や方法などに差が見られます。たとえば、日本では、従来の国際理解教育は外国語教育など伝統的に国家競争力の向上に焦点があてられていましたが、21世紀に入ってからはユネスコが標榜する地球的課題の解決に関する内容により重きを置く傾向にあります。またヨーロッパ諸国は、共生の道を模索しながら脱国家の相互関係により関心を持ち地球的課題に対する能動的な態度を強調しています。一方、アメリカでは「9・11テロ事件」の後、国家主義の再認識により国際理

第8章　なぜ国際理解教育が必要なのか？

図8-1　台湾の高校での国際理解教育の様子（台東市、2017年3月）
（出典：筆者撮影）

解教育は以前より停滞する現状にあります。しかし、いずれの試みにしてもグローバル情勢を理解するための視点を強調するところは共通しています。

　以上のように、私たちは、他国やグローバルな情勢の影響を受けずに生きることのできない、ある地域・国家のできごとが遠く離れた国家（人々）にも影響を与える「グローバル社会」を生きています。ある地域・国家で発生した問題は地域・国内的に解決できるものもありますが、なかには国際的な共助体制をもって臨まないといけない問題もあります。今日の地球的課題（開発、環境、平和、人権など）がまさにそれにあたりますが、このような諸問題を理解し解決に取り組んで、みなが共生する社会へ発展・維持していくために、国際理解教育はこの時代の不可欠な要素であるといえます。少し大げさな言い方をすれば、将来の人類の存亡にかかわる備えともいえるでしょう。

第3節　「多文化社会」を生きるために

　グローバル化が進むなか、移住者数が世界中で漸進的に増加して国際統計データによれば約2億5千万人に達しています（2016年8月1日現在）。「移住」には、迫害や貧困から逃れるための旧来的な「移民」だけでなく、高度な技術や知識をもった人々がよりよい労働条件を求めて国境を越えて移動するケースも急速に増えています。日本への移住者数は2008年の214万人をピークに景気の後退や東日本大震災の影響などで減少していましたが、2013年に再び増加に転じ、現在は約200万人の移住者が日本で生活しています。このようなグローバルな規模の移住者の増加は、一つの社会のなかに多様な民族・国家の混在する「多文化社会」への移行を促し、それに対する理解や共生のための社会的な対応が求められるようになりました。

　多文化社会に関する社会的な議論は、第二次世界大戦後、ヨーロッパの諸国が労働者移民を受け入れたことを背景に始まりました。多様な文化をもつ世界各地の人々が渡航先で新たな地域社会の一員として流入され、やがて価値観や慣習、宗教、言語などの違いによる葛藤も起こるようになります。その対応策として、当初は移住者を既存の社会に編入させる「同化」を中心とした政策が展開されました。「同化」とは、異文化接触において相手の文化を全面的に肯定し、異文化に自らを適応しようとする反応を意味します。これは移住者にとって、渡航先のホスト社会の文化が自分の出身文化よりも優越であると認識した場合に起こりやすく、自文化のアイデンティティを否定することに問題があるといえます。

　日本の在日外国人教育の例からみれば、1948〜49年の間その主な対象になったのは在日コリアンでした。植民地支配下で日本本土への移住の拡大や戦時の動員によって終戦時のその数は約210万人に達し、その後、帰国事業が実施されると約60万人まで減少します。当初の政策では在日コリアンの民族学校の閉鎖措置からはじまる同化教育が行われ、民族固有の言語や文化などの学びが閉ざされた在日コリアンの子どもたちは日本の学校に通わざる

を得なくなりました。それは、在日コリアンが日本社会に適応してトラブルを起こさず円満に生きるよう「日本人化」がはかられたものでした。

　しかし、多文化社会における教育は社会成員のみなのための教育であり、その対象は移住者に限らず、当該社会のマイノリティへの問題意識をも包括することが必要になります。それに通じる概念として「統合」をあげることができます。「統合」とは、自文化アイデンティティが保持され、同時にホスト社会の文化との良好な関係性も形成されている状態であり、最も望ましい文化変容のパターンであるといわれます。対峙する相手文化の異質性を積極的に認め、対等な立場で積極的にかかわって理解しようとするものです。そして、この概念は、異文化への健康的かつ積極的な適応によってアイデンティティの多元的発達を可能にする適応機制であり、国際理解教育の一つの目標になる態度ともいえます。

　1980年代以降、日本はグローバル化や国際化が急速に進められるなか、アジアと中南米地域などから外国人労働者が増加して、日本は急速な多文化社会を迎えます。そして、2006年に総務省によって『多文化共生に関する研究報告書―地域における多文化共生の推進に向けて―』が提示され、各地方自治体を中心とした「多文化共生」政策が実施されるようになります。今日、少子高齢化が進む日本は、不足な労働力を確保する必要性や女性の社会進出の増加、若者の結婚に関する認識の変化、結婚による移住女性の増加、ジェンダー不平等などの観点から現状を理解するとともに、互いの差異を認めて尊重し、対等な関係を形成することを強調しています。

　なお、国際理解教育では、これまで述べてきたような「グローバル化」、「移住」、「文化の多様性」、「寛容の態度」のほか、「自国に対する理解」も重要な要素になっています。先述の1974年のユネスコの勧告から8年も遅れて作成された『国際理解教育の手引き』（日本ユネスコ国内委員会）では、74年の「勧告」にはなかった「自国意識と国民的自覚の涵養」が提示されました。その背景には、当時の日本の経済成長に伴う企業の海外進出と、その子どもの帰国後の学校での受容など、いわゆる「帰国子女教育」を異文化間教育の文脈から国際理解教育として捉えようとしたことがあります。その

意味で、日本のナショナルな課題という限定された問題意識のなかで「自国理解」が登場し、日本社会のグローバル化や国際化への対応としてナショナル・アイデンティティの育成が強調されるようになりました。

しかし、ナショナルなアイデンティティの確立のみでは国際理解教育が目指す地球的課題の解決に踏み出すことができません。自国理解を通して、自国文化が他の文化との相互交流によって形成されたものであることを認識することも大事です。すなわち、日本の文化のなかに世界各地の文化的要素がともに存在し、文化間の相互作用及び交流、ダイナミズムによって世界の文化が形成されていることを理解することが必要なのです。このように、歴史的にさまざまな文化が接触して交流し相互依存しながら、絶えることなく今日の世界文化の形成に寄与したことを自覚することで、自文化に対する優越主義や他文化への排他主義的な意識を払拭することができるでしょう。

第4節　現在と未来の「持続可能な開発」のために

1945年以降、世界各国は世界大戦によって廃墟になった都市を復興するために国家主導の経済発展を目指して産業化を「開発」の手段として選択しました。その結果、後に世界は先進国と後進国（低開発国）という2つに分類され、「開発」は途上国のみに適応されるという西欧中心のパラダイムが世界に拡散していきました。それまで自国の文化的な多様性を享有していた国々が、経済力が弱く産業化されていないことを理由に後進国や低開発国であるかのようにレッテルを貼られたのです。しかし、このような名称は「成長しない国」もしくは「未開の国」を含意する差別的な表現という指摘を受け、現在は「開発途上国」と称されています。私たちのなかには「開発」という語から「近代化」を思い浮かべる人も少なくないかもしれませんが、「開発」は多義的で包括的な概念であり、経済的な利益の生産だけを意味するものではありません。

初めて「開発」の概念に変化が見られたのは1961年の第16回国連総会でのことです。当時のアメリカ大統領だったケネディの提案により、国連は

1960年代を「国連開発10年（United Nations Development Decades）」に宣言することを決意し、以降10年ごとに国連レベルで開発戦略を講じることを決定しました。最初の「国連開発10年（1961 – 1970）」では開発途上国の経済成長率を年率5％に向上させることを主眼に置き、既存の「開発」概念を維持しながら、初めて国際社会がともに南北問題に取り組む枠組みが登場します。当時のアメリカと旧ソ連間の先鋭な状況からすれば、これは画期的な提案だったといえます。その後、10年ごとに新たな開発戦略が提唱され、2017年現在は「第5次国連開発の10年」が展開されています。

一方、「持続可能な開発（Sustainable Development）」が国際社会で頻繁に用いられるようになったのは1990年代からです。外務省によると、その概念は「将来の世代の欲求を満たしつつ、現在の世代の欲求も満足させるような開発」を意味し、環境と開発を互いに反するものではなく共存し得るものとして捉え、環境保全を考慮した節度ある開発が重要であるという考えに立つものです。環境の破壊や経済格差の拡大などを背景に、1992年ブラジルのリオデジャネイロで開催された「国連環境開発会議（地球サミット）」で地球の持続可能な開発のための世界的な議論がなされました。後に、「環境と開発に関するリオ宣言」と「アジェンダ21」が採択され、「持続可能な開発」や「持続可能性」という概念が国際宣言などにも盛り込まれ、世界各国に実践が求められています。

特に、地球の未来と関連して均衡的な開発を強調する「持続可能な開発のための教育（Education for Sustainable Development: ESD）（以下「ESD」）」は国際理解教育の核心的分野の一つになっています。今、世界には「環境」、「貧困」、「人権」、「平和」、「開発」といったさまざまな問題があります。「ESD」とは、これらの現代社会の課題を自らの問題として捉え、身近なところから取り組む（think globally, act locally）ことにより、それらの課題の解決につながる新たな価値観や行動を生み出すこと、そしてそれによって持続可能な社会を創造していくことを目指す学習や活動です。

グローバル社会を生きる私たちは、このような「ESD」の観点から私たちを取り巻くさまざまな問題を解決するためにグローバルな情勢を理解する能

力が必要となります。その問題のなかにはローカルな問題や、またナショナルな問題、グローバルな問題もが存在しており、それぞれの根幹をたどれば、これらは必ずしも分類できる問題ではないことが分かります。たとえば、「福島第1原発事故」による放射能の流出は、未だ町の復興が進まず故郷へ帰れない地域住民からすればローカルな（またはインディビデュアルな）問題ですが、エネルギー問題や環境汚染の問題として考えれば日本国内の問題であり、かつグローバルな問題として認識することもできます。このように、私たちはローカルな問題とナショナルな問題、グローバルな問題を一つの線上において理解し、グローバルな問題が自己の問題になり得ることを理解しなければなりません。

　これまでのESDは、環境問題のみならず、社会や文化、経済における共生を目標に地球の持続可能性に脅威となる問題にグローバルな体制で協力し、解決策を模索することに焦点があてられてきました。その結果、「環境」や「気候変動」、「人権」、「移民」、「飢餓」、「疾病」などのグローバルな問題に対する連帯が形成されつつあり、多くの人々が国境と理念を越えてともに解決に取り組むべき問題として認識するようになりました。なお、近年の国際理解教育はグローバル社会の社会的・環境的な「公正」を扱う傾向にあり、貧富の格差や企業の社会的な責任など、経済的公正の観点も含めた多角的な視点を盛り込んだ包括的な概念として「持続可能な開発」が用いられています。

第5節　「グローバル市民」であるために

　グローバル社会への移行によって私たちの生活範囲も国境を越えるものへと変化しつつあります。したがって、私たちには多様な文化圏の人々を受容し、その国や文化を理解して共生の道を歩むための能力・資質が必要になりました。この文脈から国際理解教育が強調するのが「グローバル・シティズンシップ教育」です。

　シティズンシップは政治共同体と市民との関係を前提にします。しかし、

最近の急速なグローバル化や多文化化の現象は法的な基盤をもとにする政治共同体と市民の概念に変化をもたらしています。今日のシティズンシップ教育は従来の愛国心や民主主義的イデオロギーの伝承を強調した、いわば「国家市民」とは異なり、人類の多様性と地球全体の普遍的価値を強調するグローバル・シティズンシップの概念として拡大されています。したがって、グローバル化社会におけるシティズンシップ教育は、個別国家の境界を基準に民族や国家共同体に対する愛着と献身を求める狭義のものでなく、地球的なレベルで考えて行動するグローバル市民としての資質と能力を含むものでなければなりません。とすれば、グローバル市民になるためにはどんな資質と能力が必要であり、どのような教育が必要でしょうか。

　グローバル・シティズンシップ教育は既に世界の多くの国で実施されており、その概念を一概に定義することは容易ではありません。国際理解教育でも、「平和教育」や「ESD」、「シティズンシップ教育」など多様な教育的論議を収斂した形の包括的な概念として捉えられています。その必要性に関する論議を大きく4つにまとめると次のようになります。

①地球共同体の一員としてのアイデンティティと所属感を認識させる教育：国境を越える人的・物的交流が活発になり相互依存性が深化するなか、人種・宗教・国政は違っても地球共同体の一員としてアイデンティティを形成し、互いの多様性を認めるとともに生きる力を育てる。

②人類の普遍的な価値を追究し実現するために努力する人を育てる教育：グローバル・シティズンシップ教育は価値中立的なものでなく価値志向的な教育であり、国民国家を中心に編成された教育にグローバルな要素を加味して再構成し、現時点で合意の可能な人類の普遍的価値（人権、平和、社会正義など）を追究する。

③グローバル社会の責任ある構成員として自己の権利と責務を認識し実践する市民意識の涵養を目指す教育：地球的課題を理解した上で地球共同体に対する当事者意識をもち、自己を取り巻く環境（ローカル・ナショナル・グローバル）に対して批判的に省察して自身の価値観を形成していくよう導く。

④グローバル・コンピテンシーを開発する教育：国家競争力を向上するために必要なグローバル・コンピテンシー（外国語能力・異文化への感受性・知識と技術など）を備えた民主市民を養成する。

　このように、今日のグローバル・シティズンシップ教育は多様な観点から解釈されていますが、地球共同体を前提にしてよりよい世界に向けて地球的課題の理解とその解決のために積極的に取り組むことを強調するところに共通点があります。しかし、グローバル・シティズンシップ教育に焦点をあてる国際理解教育に対する異議もあります。国家や世界を前提とする現実的な考え方からすれば、所属対象をもたない「根なし草」の考え方であり、国民国家を過小評価するもの、脱国家を目指すものとして保守的な国際理解教育論者から強い批判の声が上がっているのです。これは、国家と世界を共存する概念でなく対立する概念として捉えることに起因するといえます。

　このような批判を受け、現在のグローバル・シティズンシップ教育はグローバル化が進展し多文化社会への移動が本格化するなか、ローカル・ナショナル・グローバルという３つの所属空間を想定し、その重層性と葛藤性の文脈のなかで、グローバル・シティズンシップを捉えています。ESDを概観するなかで述べたとおり21世紀の私たちが抱える共通課題は、３つの所属空間のそれぞれの観点から多角的にアプローチしていくことが必要になります。したがって、21世紀のグローバル市民にはグローバル化の構図のなかで多角的な観点から相互有機的に判断できる思考の融通性が求められます。このような意味で、21世紀のグローバル社会を生きる私たちは、まず、所属する地域共同体の市民であるのみならず、一国の国民、そしてグローバル市民としての地位を同時にもつことを理解しなければなりません。

おわりに

　以上、国際理解教育を概観しながら、その必要性について考えてみました。

　国際理解教育は二度にわたる世界大戦に対する省察から始まり、時代的状

況を反映する形で再解釈が繰り返され、その概念や教育内容・方法が変化してきました。1990年代以降、情報通信技術や交通手段の発達によるグローバル化と多文化化が急激に進められるなか、私たちは、国境を越えてこの地球上でともに生きる地球共同体であることを認識するようになりました。以前にも増して相互依存性が高まっているなか、私たちは共生の道を希求しながらも、「平和」や「人権」、「環境」、「ESD」などの地球的課題を抱えています。そして、その課題を解決するためには、異なる文化的背景をもつ私たちが、相互の国・人・文化を理解し知識を習得し、それをもとにした自らの意志を行動に移すことが求められます。このような背景と必要性から、今日、国内外の教育に関する論議のなかで注目を集めるようになったのが国際理解教育です。本章ではその主な内容について、ユネスコを中心にした国際理解教育の提唱のほか、「グローバル化」、「多文化社会」、「持続可能な開発」、「グローバル・シティズンシップ」という国際理解教育の主要領域を中心にまとめてみました。これらの概念は国際理解教育のなかで分類されるものではありますが、その目指すところや方法などにおいて強い相関関係にあるものでもあります。

　グローバル社会は、これからさらに急速に拡大されることが予想され、今後の国際理解教育のあり方について断言することはできませんが、現在の、または未来の地球的課題の解決のためには個別国家の努力はもちろん、世界中の地域・国家がともに取り組むことが不可欠なのはいうまでもありません。したがって、今後は、学校教育を含む多様な教育段階と形態を通してさらに包括的な観点から国際理解教育のあり方を検討し、生涯にわたる学習として拡大してくことが期待されています。

●参考文献●
日本国際理解教育学会編著『グローバル時代の国際理解教育―実践と理論をつなぐ―』明石書店、2010年
日本国際理解教育学会編著『現代国際理解教育事典』明石書店、2012年
韓国国際理解教育学会編著『みんなのための国際理解教育』サルシムト（韓国語文献）、

2015年
ユネスコアジア・太平洋国際理解教育院編著『多文化社会と国際理解教育』トンニョク
　　（韓国語文献）、2010年
外務省「持続可能な開発」http://www.mofa.go.jp/mofaj/gaiko/kankyo/sogo/kaihatsu.html
　　（最終閲覧日2017年3月28日）
文部科学省「持続可能な開発のための教育」http://www.mext.go.jp/unesco/004/1339970.
　　htm　（最終閲覧日2017年3月28日）

第9章
なぜ大学入試はあるのか？

はじめに

　読者のみなさんは高校生ですね。とすれば進学を希望している人の場合、目先に迫る大学入試に不安を感じているのではないでしょうか。大学入試センター試験で受験生の緊張した様子が映し出されるニュースが毎年恒例で放送されると「次は自分」と押しつぶされそうな不安感に襲われるかもしれません。でもそうした不安を抱くのは、日本の高校生だけではありません。少なくとも近隣アジア諸国の高校生は同じようなプレッシャーと戦っています。もしかしたらみなさんより数倍は強いものかもしれません。近年日本でも新聞紙上を賑わせている主要な教育問題の一つは大学入試制度改革であり社会的な関心も高いことが分かりますが、この点は中国や韓国においても同様で、昨今新聞紙上でもテレビ番組でも入試関連のニュースは好んで取り上げられています。韓国の大学入試に関するニュースでは、警察のバイクで搬送される受験生や高校の後輩たちが試験会場の前で応援している姿は奇異に感じるかもしれませんね。また、カンニングや自殺といった入試にまつわる事件も毎年ニュースとして取り上げられています。こうした事件からも入試に対する社会的関心の大きさと精神的プレッシャーの強さの程度が漠然とでも理解できるでしょう。

「隣国の受験生もみんな同じだからそれほど不安にならないで」とアドバイスはできるのですが、それでも試験の結果によって志望大学に行ける人と、そうでない人が分かれるのも事実で、みなさんにとって重要な「行事」であることには変わりありません。教育にはこの選抜機能、つまりみなさんを「分ける」という機能もあるのです。しかしながら、やはりみなさんは試験がなかったらどんなに素晴らしいだろうとまず思いますね。では、受験生から見て負担感が減少するような改革は可能なのでしょうか。こうしたことを、近隣諸国の事例も交えながら考えていくことにしましょう。そして試験にまつわる話をしながら、教育学の中核的な課題である公正さや平等の問題について考えていくことにしましょう。

第1節　伝統的な筆記試験と新学力観

第1項　入学試験の廃止？

みなさんは「試験が嫌い」、「我々が苦労するのは入試があるからだ」、「入試がなければどんなに素晴らしいだろうか」と思うでしょう。こう考えるのはもっともなことです。試験には、授業内容を確認する小テストから就職試験に至るまでさまざまなタイプのものがありますが、大学入学試験は社会的な関心も高く、全国レベルで展開されるものです。より多くの人が大学に行きたいと思うため、そのための選抜が必要になってくるのです。それがみなさんが普段勉強している「英語」や「数学」等の具体的な科目で実施される筆記試験なのです。

実は中国では50年ほど前の文化大革命という時期に大学入学試験を廃止したことがありました。当時、人間は知識を持てば持つほど反動的になるということで、知識の量を問うような試験制度は望ましくないという思想が背後にあったと思います。もちろん大学自体は存在していたので数年後に入学者選抜は行われるようになったのですが、その際どういう人が大学生になれたかというと職場での仕事が模範的だった人です。こうした人たちはいわゆる筆記試験が課せられず、職場の推薦によって大学に進学したのです。農場

にしろ工場にしろそこでまず働いて、その働きのよさによって大学生になれるというルートをつくったことになります。

ところがそれも数年間しか続かず筆記試験が復活しました。なぜでしょうか。細かな点は省略しますが、その主たる原因は職場での推薦に基づくことで、賄賂や情実が横行してしまったことです。大学生になれるか否かがコネ次第では人々の不満感は爆発しますね。「こんな選抜方法ならまだ筆記試験の方がましだ」ということで統一試験が復活したのです。中国では今でも言われている「点数の前ではみな平等」という言葉はこの時期の反省に基づいているのです。

もう一つ重要な点は、当たり前のことですが、高等教育段階で学ぶには一定レベルの基礎学力が不可欠だということを経験したことでした。つまり当時の新入生たちは高度な学問を学ぶための準備ができておらず、入学後授業についていけずに大学が混乱してしまったのです。ここから分かることはやはり少なくとも基礎的な学力を確認するような何らかの試験が必要だということです。高等教育は、中等教育後に続く教育段階であり、学習内容も高度なものになります。この当たり前のことを無視してしまうと制度そのものが機能しなくなってしまうのです。

また、もし試験がないとすれば特定の大学に入学希望者が殺到する可能性があり、施設・設備や教員数の関係から結局は何らかの選抜をしなければならなくなることもみなさんは想像できますね。これは混乱に陥っていた当時の中国では問題にならなかったのですが、現在では中国でも日本でも十分考えられる現象です。多くの受験生がなるべく威信の高い大学に行きたいと考えるのは自然ですからね。

第2項　筆記試験重視

中国の例からも、大学入学のためには何らかの試験が必要になることが分かりましたね。ところでみなさんは、入学試験といえば、誰もが同じ時間に同じ問題を解く一斉形式の試験、端的にいえば大学入試センター試験の風景を連想しますね。そうです、毎年テレビのニュースで放映される風景です。

これまでの勉強の成果がこの日に結実するという一発勝負型の筆記試験です。そのイメージは実はアジア近隣諸国でも概ね当たっていて、それら共通試験の様子は毎年各国のトップニュースとして取り上げられる受験風景です。たとえば、中国では大学入試のことを「高考」と呼んでいますが、その共通試験が6月に実施され、基本的にその結果に基づいて入学者選抜が行われています。受験生は志望校を志願票に何校か記入できますが、筆記試験自体は1回のみで、その成績で合否が判定されることになります。韓国の場合も筆記試験自体は11月に実施される「大学修学能力試験」の1回のみで、それに調査書等が加わって選抜されることになります。台湾の場合は、基礎的なもの（「学科能力試験」）、発展的なもの（「指定科目試験」）というタイプの異なる共通試験が1月と7月に2回実施されますが、選抜はそれぞれの試験に基づいているので、受験生にとっては筆記試験の機会が2回あるといえます。分かりやすく言えば、台湾のA大学B学部に入学するには、「学科能力試験」を受験して入学するルートと「指定科目試験」を受験して入学するルートが2つ開かれているということです。

みなさんのなかには、「あれ、各大学で実施される二次試験はないの？」と不思議に思う人もいるかもしれません。実は「外国語」や「数学」といった科目別に分かれた筆記試験はありません。筆記試験は共通テストのみです。各大学で二次試験（筆記試験）が実施されるのは、実は日本的な特徴といえるのです。みなさんも知ってのとおり、国公立大学の場合、1回の選抜に関して1月に共通試験（「大学入試センター試験」）を実施した後、2月に個別大学でさらに各科目の筆記試験を実施していますね。合否判定は多くの場合、共通試験と各大学の筆記試験の素点を合計して行うことになります。

一方、大学生の約80％が在籍する私立大学の場合は、センター試験を利用する場合も少なくはないですが、多くは大学・学部別に入試問題が作題されています。この合否判定も基本的に各科目の得点の合計です。個別大学で独自の試験が実施されているという点では国立大学の二次試験と同じです。こうしてみると、日本は筆記試験の伝統を最も残していることが分かります。別の言い方をすれば、手間暇をかけて丁寧に受験生の筆記試験的学力を

見ているといえます。これは、外部の公的機関ではなく自らが作題した問題を解答できる受験生を選抜したいと大学側が考えているからです。ちょっと難しい言葉でいえば「大学自治」の伝統を残しているといえますね。

こうした筆記試験の特徴をいえば、各科目が100満点にしろ、200点満点にしろ、1点刻みの得点が出てくることです。合否判定も総合得点によって決まるのが一般的です。そのため、正解と不正解が明確に分けられる試験問題の方が都合がよく、（広い意味で）知識を問う形式の問題になっていくのが自然です。これが東アジア諸国で共通している暗記型試験といわれるものです。歴史の時間に習った中国の伝統的な官吏登用試験である科挙に因んで科挙型試験と呼ばれることもあります。

第3項　新しい学力観の影響

ところが、こうした伝統的な試験スタイルはアジア各国で大きく変化してきています。たとえば、日本でも筆記試験以外の面接や小論文等の試験が盛んに導入されてきていることを知っていますか。こうした変化は、直接的には激しい受験競争を緩和させ、受験生の精神的な負担を軽減させたいという願いでした。中国ではそうした動きを象徴的に教科書・問題集でいっぱいになった「通学カバンを軽くする」と例えました。また、上述したように台湾では共通試験が2回あるのは、そうした心理的な負担を軽減させることが主たる目的だったのです。

そしてもっと重要なことは、学力観そのものが世界的に変化し、それが入学試験に影響を与えていることです。みなさんは学力が高いとは、数学のテストで100点満点中90点取れることだと思うでしょう。この考え方は伝統的な学力観で、知識量の多寡が決め手になりますね。ところが、近年世界的に影響を与えているのがPISA型学力です。もしかしたらみなさんのなかにこのPISAテストを実際に受けた経験のある人がいるかもしれませんし、時々その国別順位が新聞等を賑わせていますので少なくとも聞いたことはあるでしょう。その特徴は、知識や技能を実生活のさまざまな場面で直面する課題にどの程度活用できるかを評価するもので、このような活用的、実践的な能

力は、日本の「新しい学力」、「生きる力」に近いといえます。

　このPISAテストは国際的な順位を明らかにしただけではなく、同時に学力観を世界的に標準化する力をもっていました。この学力は、「応用能力」とか「問題解決能力」とかしばしばいわれていますが、日本の文部科学省もその影響を受けて2007年から新しい学力として、「基礎的な知識及び技能」、「これらを活用して課題を解決するために必要な適応力・判断力・表現力等の能力」、「主体的に取り組む態度」を三要素として定義しています。おそらく、みなさんがイメージする学力（テストで高得点を獲得すること）とは三要素のなかの最初の「基礎的な知識及び技能」です。この知識・技能の多いことが高い学力を意味してきました。しかしこれから日本では公的に学力が高いとは、これら三要素すべてが高いことを意味するのです。

　こうした学力観は近隣諸国でも浸透しており、たとえば中国では1990年代半ばから「素質教育」が提唱され、子どもの全面的な発達を促すため、「教育改革の深化と素質教育の全面的推進に関する決定」を発布し、従来の暗記型教育から「素質教育」の展開を目指し、この動きと入試改革を連動させようと目論みました。

　したがって昨今のアジア諸国の入試改革の根源には、この学力観の変化があるのです。つまり、学力とは知識量だけではなく、知識の活用や判断力、表現力、意欲も含まれるため、より適切な評価方法を模索しているのが近隣アジア諸国の入試改革の実態です。現在は、概していえば知識以外の面を測定し評価する方法を「伝統的な」筆記試験も加えながら試行していると言えるでしょう。

第2節　入試改革の実態

第1項　小論文と面接

　日本でも筆記試験以外の方法はすでに実施されてきているのですが、みなさんは聞いたことがあるでしょうか。

　まず、大学入試が高校での学習の成果を評価するものだとすると、高校時

代の活動を記録した調査書を選抜の資料とするのは理にかなっているといえるでしょう。調査書の記載事項から受験生の高校時代の意欲や頑張りを評価することも可能になると思われます。日本の推薦入試ではすでにこの調査書が使用されていますが、今後一般入試でも活用されていくかもしれません。

一方、韓国の場合、「入学査定官選抜」が2007年から導入されましたが、これは日本のアドミッション・オフィス（AO）入試に近い制度です。この入試のための専門官が各大学に配置され、特に高校での調査書を精査し受験生の学習履歴、素質や成長可能性を判断して入学を許可する制度です。言い換えれば、将来への期待も含めて合否を判定する試験ですが、みなさんはこれをどのように感じますか。不公平に感じますか。現在20％弱がこの選抜方法で入学しています。誤解のないように断っておきますが、これは特定の大学の選抜方法ではなく、全大学で採用されている方法です。その意味ではすでに例外的な存在ではなくなっています。

また表現力や判断力をみるのは、実際にまとまった文章を書かせることが適しているといわれ、出題の工夫によって自分の意見を表明させて論理的思考力をみるものから、資料を分析させるものまでさまざまなものが小論文で実施可能となります。こうした点から韓国でも台湾でも、そして日本でも小論文を採用している大学は多いといえます。

さらに面接を実施することにより、受験生の表現力や判断力、また意欲を大学側が直接評価できることになり、PISA型学力を確認するには適切な方法であるといえます。面接官の前で自分の意見を的確に、簡潔に伝える能力は丁寧に面接することで明確になってくるでしょう。もちろん知識そのものも面接で問うことは可能です。そして何よりも受験生に直接問いかけることで、意欲の多寡も明確になるでしょう。

こうした方向へと進んでいくと、筆記試験1回のみから、面接や小論文を加えることで選抜方法も多様になり、入学試験の回数自体も増加できます。そして、従来の筆記試験の合計点が高い者から合格していくという方式ではなく、最初に大学側が求める人物像と具体的な項目を示し、さまざまな資料と照らし合わせてそれぞれの項目を満たしているかどうかで合否を決定する

ことになるでしょう。先にも述べた通り、日本の場合、筆記試験による一般入学者選抜が大半でありましたが、2000年に「大学入試の改善について」が出され、入学者選抜方針の多様化が求められると、それ以前からも私立大学で比較的多かった推薦入試の割合が増加していき、またAO入試も、学力試験に偏らない方法、つまり調査書や面接でも評価しようとする観点から導入されてきました。このように日本でも多様化の方向に向かって進んでいることが分かるでしょう。

第2項　基礎的試験の方向へ

　こうして変化の只中にあるアジア各国ですが、みなさんは、筆記試験以外の試験がより一般化することによって、ひたすら暗記に励む勉強スタイルが減少する、あるいは家庭での勉強時間の軽減につながるとは思いませんか。それでも「筆記試験が存在する限り、暗記型の勉強はなくならない」と考えるかもしれません。確かに現行のセンター試験や二次試験をみてみると、語彙を知っているかどうか、数式の解き方を知っているかどうか、が重要なポイントになることは否定できないことです。そのため高得点を獲得するには、できるだけ多くのものを暗記した方がよいことになり、知識を定着させるための練習（演習）問題を繰り返すことになります。それは基本的には勉強時間の量にも関係しており、必然的に学校での授業時間の拡大、家庭での学習時間の長時間化につながります。東アジアの学校が西洋諸国の学校に比べて授業時間がかなり多く、塾等の受験産業も盛況であるのはここに原因があります。

　こうした点に果敢に切り込んだのが韓国です。これまでの入学試験制度では、塾など私教育費をより多く負担できる都市部の裕福家庭に有利になっているとして問題視してきたからです。この問題を克服するために韓国が採用した方法は、筆記試験を細かな知識を問うことのない、高校教育課程の修得度をチェックするような基礎学力確認テストに変更したのです。言い換えると、勉強時間を増やすことによって身につくような知識を軽減させ、学力の適性をみる試験に変更したのです。現行の制度では5領域37科目が用意さ

第 9 章　なぜ大学入試はあるのか？

図9-1　韓国の大学入学試験当日の様子（ソウル市、2016年11月）
（出典：筆者撮影）

れていますが、将来的には試験の難易度をさらに下げる方向で進んでいることが最近の政府の議論から分かります。みなさんはアメリカのSAT試験について聞いたことがありますか。あまり知識を問わない標準化された試験の例としてしばしば取り上げられるものですが、韓国はどうもこの試験方式を目指しているようです。

　この基本的な内容の習得を確認するという意味では台湾も同様で1月と7月にある試験のうち特に1月に実施される「学科能力試験」はそれがあてはまります。そしてその結果を新しく導入された学校推薦やAO入試に活用しているのです。さらに2000年代に入ってから中国で実施されたのが、入試問題の総合問題化です。現在、省別に試験問題が作題されているのですが、科目数だけでみると、多くの省が従来の6、7科目入試から4科目に変更され、それに加えて思考力、表現力を問うことを狙いとする「理科総合問題」や「文科総合問題」が課される場合が多くなっています。

　みなさん、どうでしょうか、これで勉強時間の減少につながると思いますか。精神的な負担が軽減すると思いますか。いずれにせよ、近隣諸国では伝

統的な「重箱の隅をつつく」ような試験から遠ざかってきていることは確かなようです。実は日本も同じ方向に進んでおり、具体的には2020年から開始することになっている（現行の大学入試センター試験に代わる）「大学入学希望者学力評価テスト」では、暗記した知識の量ではなく、思考や判断などの知識の活用力を評価する問題になると文科省が宣伝しています。その意味で、新しい学力観を直接反映することになるようです。

第3項　素点方式の改革

それでもみなさんのなかには、「基礎的なテストでも結局は10点とか90点とか点数が出てきますよね」と疑心暗鬼に陥るかもしれません。もっともなことです。これまでの筆記試験では各科目155点とか73点とか個人の成績が点数として表されます。当たり前のことですが、合否判定はそれら素点の合計点に基づくことになります。これは「点数の前ではみな平等」という単一の指標で測ることの積極的意義を強調し、これこそが公正であり、それ以外のことを加味するのは、不公平感を招きやすいという風土がアジア各国では支配的であるからです。したがって他人よりも1点でも高い受験生がより優秀であり、そこでは75点と80点は誤差の範囲で同じ得点と認識する余地はありません。

実はここにも改革のメスは入れられています。実際この1点刻みの合否判定が諸悪の根源と多くの国では考えているようで、この点を克服するための施策が考案されてきています。現段階の具体的施策で言えば、それは点数評価ではなく等級評価への変更であり、それをすでに採用しているのが韓国と台湾です。韓国では9段階評価で結果を示し、一方台湾では5段階評価です。実は日本でも2020年からの新しい入試制度の下ではこの等級評価の導入が決まっています。この点でも改革の方向は同じですね。

こうした段階評価の利点は、いわゆる相対評価であり、問題の難易度の影響をそれほど受けません。みなさんの馴染みのある偏差値も基本的にはそうですね。試験内容が基礎的なものになっていくだけではなく、将来テスト開発が進みアメリカのSATやTOEFLのように標準化されていけば、年に複数

回実施することが可能となります。問題によって難易度に差があるという批判も少なくなってくると思われます。そうなると、一回のみという入試制度が受験生に過剰な負担を強いていると批判されていますので、こうした試験を複数回実施する方向に進んでいくことが可能になるのです。

　もう一つ重要な点は、こうした評価では、同じ段階に評価される受験生が非常に多くなり、さらに基礎的な試験であれば、上位の等級に位置づけられる受験生が大量に出現することが予想されます。ということは、この（基礎的な）筆記試験のみで合否を判定することは不可能になるということです。必然的に面接結果や小論文の結果が必要になり、その典型的な例が韓国です。現在募集定員の大半を占める一般入試は、基礎学力を問う共通試験である大学修能試験に加えて各大学が実施する小論文や面接試験の結果を総合的に判断して決定されます。これは現在の韓国の標準的な入学者選抜プロセスなのです。

　逆にアジア各国は特別な選抜方法であっても学力試験を課す方向で進んでいることもその特徴として指摘できます。たとえば、台湾の学校推薦やAO入試（「個人申請」）は、共通試験である「学科能力試験」を課したうえで、大学別に小論文や面接試験を課しています。また韓国の場合、「特別選考」でもAO入試（「入学査定官入試」）でも学力の「最低保障」のため大学修能試験の受験を義務づけています。日本の場合、現在では学力試験を全く課さない推薦入試、AO入試が主流ですが、2020年からの改革では基礎的な学力を問う共通試験を課すことを原則とする予定です。

　もちろん課題もあります。端的に言えば面接試験の評価方法です。納得のいく評価方法があるのでしょうか。この点は残念ながら明確で統一的な基準はありません。この点興味深いのは、台湾のケースであり、面接にあたっては質問内容にガイドラインを設け先に公開していることや、面接を録画することで、不合格者からのクレームに対応するよう準備していることです。こうした試みを積み重ねていくことで将来的には一般に受け入れられる評価方法が開発されると十分予想できます。みなさんはどうでしょうか、やはり従来通りの筆記試験のみの方がまだ公正さを担保できると考えますか。

第3節　格差を前提とした選抜

第1項　中国：地域間格差の是正

　ところでみなさんは毎日のように「グローバル化」という言葉を聞いていると思います。一般に指摘されているとおり、グローバル化が浸透すると、自由競争が奨励され、階層間格差、民族間格差、地域間格差等、さまざまな格差が拡大すると言われています。日本では皆無に近いですが、近年の大学入試改革においてこの格差に注意を払い、それを多少でも是正しようとする試みが各国で顕著に見られることが指摘できます。言い換えますと、グローバル化が選抜方法に何をもたらしたのかといえば、単に受験の機会が増加しただけでなく、国内に存在するさまざまな格差の是正に関心を示したことです。競争的な環境が進展すれば、そもそもそうした自由な競争に参加できない集団が出てくることは一般に見られることです。それは具体的には、貧困層、少数民族、あるいは農村部の子どもで、こうした地域間格差、あるいは民族間格差に対する配慮が近年の動きのなかで顕著になってきています。

　この点で中国の事例は興味深いです。先に紹介した中国の「高考」は、以前は同一の時間帯に同一の入試問題が使用されていましたが、現在は省単位（日本で例えれば県単位）で作題され、合否判定は省ごとに行われています。実質的な競争が省内であれば、遠方の受験生と競争する必要がなく、特に地方の受験生にとっては北京市や上海市の彼らと競争せずにすみます。大学側からみると、各学科（学生募集単位）の募集定員を省ごとに割り当てています。分かりやすく言えば、広島大学教育学部の募集定員を学科（類・系）ごとに各県に配分していることになります。もちろん、その人数は大学の所在地、人口、これまでの入学者数を勘案して毎年決められます。それは、もともと広大な中国には教育格差が存在し、地域間格差を無視した完全な点数主義では地方の受験生に高等教育の機会が制限されてしまうことを避けるためでした。

　みなさんはこの制度をどう思われますか。日本からみれば、この制度は明

らかに不平等、不公平といえますが、現在のところこの制度を変更しようとする中国側の動きは出ていません。こうした割り当て制度は、中国の教育格差を見据えたうえで、やはり合理的な制度であると政府側が考えているからです。中国の場合、むしろ積極的に大学入試を格差是正の絶好の機会ととらえているのです。

第2項　台湾と韓国：地域間格差、学校間格差の是正

　また近年では、中国以外にも地域間格差の是正への動きが登場してきています。たとえば台湾の学校推薦入試（「繁星推薦」と言います）は、2007年から始まった新しい方式であり、その目的は実は地域間格差の是正です。有名大学への合格者が都会の特定の高校からに集中している状況を変え、地方の高校からでも進学できる道を開くことが狙いでした。誤解のないように断っておきますが、これは一部の大学のみで実施されているものではなく、全国公立・私立大学で実施されている入試です。そのため、各高校から推薦できる高校生を1募集領域（文系、理工系、生命科学系、等に分かれています）あたり1人に限定させ、たとえばA大学の理工系の学部で計20人の学校推薦を募集した場合、合格者は特定の学校に偏らず、1人ずつ20校からということになります。この方式はどうでしょうか。不公平感を感じますか。地域間格差は学校間格差とも関係しており、こうすることで地方の高校を活性化させようと政府が目論んでいるのです。

　また、もう一つ新しく導入された「個人申請」というAO入試でも、先住民枠や離島枠が設けられており、一部とはいえこちらでも格差是正措置があります。これは先住民や離島の子どもに高等教育の機会を開こうとする政府の意図を示しています。もちろん、こうした選抜に応募するためには、1月に実施される共通テスト（学科能力試験）と高校の成績が一定水準以上という厳しい条件がつけられていますので、全く自由に志願できるわけではないことは注意が必要です。

　こうした地域への配慮は、実数としてはそれほど多いとはいえないですが、韓国でも見られます。韓国の現在の大学入試は大きく「一般選考」と

「特別選考」に分けられますが、後者の「特別選考」のなかに「農漁村出身者」枠というものが設けられています。韓国では、2000年代以降特に教育格差が問題視され、家庭の経済力による差が問題とされてきました。こうした枠を設けることは、僅かではあっても格差の是正に政府が取り組み始めたことを意味するのです。日本でも地域医療への配慮から医学部に「地域枠」が設けられていることは知っているでしょう。ただし、台湾や韓国では、全大学・全領域でこうした枠が設けられているのです。こうした「特別枠」制度はどうでしょうか。賛成していただけるでしょうか。

おわりに

　以上本論で、アジア近隣諸国の事例を取り上げながら、大学入試について考えてきました。ここまでくるとみなさんの直面している大学入試制度の日本の特徴が比較の観点から少し理解できたことでしょう。たとえば、各科目試験を個別大学で作題しているというのは日本的な特徴といえます。日本のみに焦点をあてれば、これは当然の試験制度ですが、作題も含めて個別大学が入学者選抜に加わることは、他国から見れば奇異に映ります。各大学が手間暇を要するプロセスになぜそんなにコミットしているのか不思議に思うようです。もちろん、昨今の大学入試改革は、個別試験科目の作題までではないにしても、面接等で個別大学のコミットを求めているという意味では、日本の方が進んでいたと言えるかもしれませんね。

　また近隣諸国の事例から、地域間格差や民族間格差を配慮して入学者選抜を行っていることが分かりました。とすれば、逆に「出身地や階層等を考慮しない」というのが日本的な慣習であることが分かります。それは、日本では北から南まで平等な教育がなされており、配慮しなければならないほどの差異が存在しないという前提があるからです。逆に、出身県を考慮して選抜すれば、みなさんはその選抜方式を批判しますね。中国、韓国、台湾で導入されている「地域や民族を配慮して選抜」という考え方に抵抗があるとすれば、それこそが日本的な公平性の一側面を示していることになるのです。

第9章　なぜ大学入試はあるのか？

　克服すべき課題もやや見えてきました。現在の日本では筆記試験のみが主流ですが、基本的に素点方式であり、総合得点が1点でも多い受験生が合格となります。それが、伝統的なアジアの慣習であり、多くの受験生が納得のいく方法となってきました。ところが近年では、これを科目ごとに等級別評価にして合否の判断材料の一つとし、さらに小論文や面接等を判断材料に加えることで、新しい学力観に対応させようとする方向に進んできています。その際みなさんは「合計点が合格ラインに何点達しなかったために不合格」に対しては納得できても、「共通試験の結果と提出書類の評価にもとづく総合的な判断により不合格」といわれることに対して納得できるでしょうか。やはり素点を出さなければ納得できないでしょうか。とすると従来の筆記試験方式の方が望ましいでしょうか。いろいろ考えさせられる問題ですね。

　このように近い将来に直面する大学入試に関しても、みなさんはいろんな問題が錯綜していることが分かるでしょう。それらの問題が実は教育学にとって重要な研究課題につながっていくのです。その際、目の前の対象から少し距離をおいて、他国と比較しながら考えるのは、自分の位置を相対化できて楽しいと思いませんか。

●参考文献●

大塚豊『中国大学入試研究』東信堂、2007年
小川佳万（編）『アジアの大学入試における格差是正措置』広島大学高等教育開発センター、2017年
小川佳万・南部広孝（編）『台湾の高等教育―現状と改革動向―』広島大学高等教育研究開発センター、2008年
高大接続システム改革会議「最終報告」2016年
R. P. ドーア著、松居弘道訳『学歴社会―新しい文明病―』岩波書店、1990年
南部広孝『東アジアの大学・大学院入学者選抜制度の比較』東信堂、2016年
読売新聞教育部『大学入試改革―海外と日本の現場から―』中央公論新社、2016年

第10章
なぜ学ぶのにこんなにお金がかかるのか？

はじめに

　みなさんは、子ども一人を育てるのにお金が大体いくらぐらいかかると思いますか。習いごとや塾に通った経験があれば、年間どのくらいの費用がかかるか大まかに計算できるかもしれません。大学進学を考えていれば、入学金や授業料、生活費など相当な費用がかかることを実感していることでしょう。
　この章では、このような教育にかかる費用（教育費）の負担とそのあり方について、さまざまな立場、視点から考えていきたいと思います。

第1節　子ども一人あたりの教育費

　それでは、まず、先の質問についてみていきましょう。
　文部科学省の調査によれば、幼稚園から大学まで全て私立に通った場合、学校教育費（授業料など）や学校給食費、学校外活動費などの「学習費等」が平均で約2,300万円かかります。最も安い費用となる全て公立の場合でも、平均で約940万円です。この額を聞いてどのように感じたでしょうか。みなさんの多くは、率直に「なぜ、どうしてこんなにお金がかかるのか」と思っ

たのではないでしょうか。

　また、読者のなかには、あまり大学のない地域で育ち、首都圏や近畿圏の大学に進学することを考えている人もいるでしょう。実家を離れ、一人暮らしをすれば、下宿代・アパート代がかかるのでさらに多くの費用がかかることになります。アパートなどを借り、私立大学で学んだ場合、授業料や食費、住居費などの学生生活費は年平均で約240万円かかります（2014年度）。大学４年間ということになれば、およそ1,000万円かかることになります。教育費や高等教育財政を研究する東京大学の小林雅之教授は、「大学は人生で二番目に高い買い物である」（小林2008）と言っていますが、多くの人が納得できるのではないでしょうか。（ちなみに一番高い買い物は「家」です。）

　このような子どもの教育にかかる多額の費用を負担する保護者（親）の立場に立って考えてみるとどうでしょうか。子どもの将来を考え、より充実した教育を与えてあげたい、子どもの個性や能力を十分に伸ばしてやりたいと思う保護者が大半でしょう。実際、多くの保護者が先に述べたような教育費を負担するために一生懸命働き、節約をして教育費を捻出しています。そうした姿を知っている子どもが、感謝の念を抱きながら、一生懸命努力するのは、とても素晴らしいことです。

　ただ、皆さんもご存知の通り、日本は、世界で最も少子化の進んだ国です。

　少子化は、未婚率の上昇が大きな要因となっていますが、結婚した夫婦の子どもの数も1.94人（2015年）と過去最低になっています。また、国立社会保障・人口問題研究所の調査（2007年）によれば、「理想子ども数」と「予定子ども数」について、「予定」が「理想」を下回っている夫婦が35.3％と３分の１を上回っています（「予定」が「理想」を上回っているのが4.0％、「理想」と「予定」が同数なのが60.7％）。そして「予定子ども数」が「理想子ども数」を下回る理由で最も割合の高いものが、「子育てや教育にお金がかかりすぎるから」（65.9％　複数回答可）で他の理由（2番目が「高年齢で産むのはいやだから」38.0％）を大きく上回っています。特に、これから子

どもを出産する年代といっていい、妻の年齢が25〜29歳の回答者の実に83.5％がそのように回答しているのです。このように、日本における教育費の問題は、社会構造（人口構成）を大きく変える（変えてきた）重要な要因となっていると考えられるのです。つまり、教育費がどのくらいかかり、それを誰が負担するのかは、個人や家庭（家計）の問題にとどまらない、日本の非常に大きな社会問題であると言えるでしょう。

第2節　教育を受ける権利と義務教育の無償

　読者のなかには、そもそも、先に見たような多額の費用を教育にかける必要があるのだろうか、と考える人もいるかもしれません。みんながみんな大学に行く必要はないのだし、学校ではあまりよい成績を収めていなくても、あるいは大学に行かなくても社会で活躍している人はたくさんいるじゃないか、と。

　ここでは、少し立ち止まって「当たり前のこと」に注目して、このような疑問を別の視点から考えてみましょう。

　人間は、生まれてすぐに自分の周りの環境（人や物、出来事）との関わりのなかで、さまざまなことを学び、成長・発達します。言語の習得はその代表的なものでしょう。みなさんのなかには、言語の習得のように、「自然に」身につくことも多いので、学校のようにわざわざ学び（教育）のための特別な場所で、１日のほとんどを、何年にも渡って過ごす必要があるのだろうか、と考えたことのある人がいるかもしれません。

　人間にとって学び（教育）の機会・期間がどのくらい必要かは、社会の状況、個人の希望や能力などと関わっていろいろな議論ができるでしょう。でも、おそらくほとんどのみなさんは、（あまり好きではない人もいるかもしれませんが）学校で学ぶこと、特に義務教育を受けることを「当たり前のこと」としてほとんど意識していないのではないでしょうか。言い換えれば、読み書き計算といった基本的な能力や集団生活の仕方など、現代社会で生きていくために必要不可欠な、そして基礎的基本的な能力、態度の多くを学校

で学んできたことをほとんど意識していないのではないでしょうか。

　もちろん、読み書き計算ぐらい、働きながらだって学べるし、昔の人たちはそうしてきたんだろうと思うかもしれません。でも、現在、生きるために働かなければならない人たち、子どもたちのことを想像してみてください。世界に目を転じれば、みなさんの多くが「当たり前」だと考えている初等教育（小学校教育）をいかに普及させ、識字率を上げていくのかが、大きな課題となっているのです。

　それでは、なぜ日本では義務教育が「当たり前」になっているのかを確認してみましょう。日本国憲法第26条は次のように規定しています。

　　第26条　すべて国民は、法律の定めるところにより、その能力に応じて、ひとしく教育を受ける権利を有する。
　　２　すべて国民は、法律の定めるところにより、その保護する子女に普通教育を受けさせる義務を負ふ。義務教育は、これを無償とする。

　このように、日本国憲法は、第26条第１項ですべての国民が教育を受ける権利を持っていることを規定しています。

　そして、第２項において、保護者がその子どもに普通教育を受けさせる義務があることを規定して、子どもの教育を受ける権利を保障するよう求めています。もちろん、保護者（親）だけで、子どもの成長・発達に必要な条件・環境を整えることはできませんので、地方自治体が学校（公立学校）を設置し、教育を受ける権利を実質的に保障することになっています（学校教育法第38条ほか）。そして、保護者はその義務教育の学校（小学校及び中学校、義務教育学校、中等教育学校の前期課程又は特別支援学校の小学部及び中学部）に子どもを通わせる義務を負っているのです（同法第17条）。でも、もし、（高い）授業料を払う必要があれば、子どもを義務教育の学校に通わせることができないかもしれません。そこで、義務教育はこれを無償とする、として国公立の義務教育諸学校での授業料は徴収されないことになっています（ただし、このような教育を受ける権利が規定されたのは、日本国憲

法においてであり、大日本帝国憲法（明治憲法）では、教育は権利として規定されていませんでした）。

このように現在の日本の場合、国公立の義務教育諸学校では授業料はかかりません。そのため、みなさんの多くは義務教育にかかっている費用のことをほとんど意識してこなかったと思います。でも、改めて考えると、先生の給料、学校の施設・設備、電気代や水道代、色々な費用がかかっていることにすぐに気づくと思います。当然のことですが、これらの教育費も税金によって賄われていますので、その多くを保護者やそれ以外の（あなたも含めた）多くの人々が負担しているのです。

第3節　義務教育の費用負担とその影響

先に述べたように国公立の義務教育諸学校では授業料は徴収されません。そして私立学校も含め教科書は無償です（義務教育諸学校の教科用図書の無償に関する法律第1条）。でも、みなさんが小中学生の頃には、給食費や教材費、修学旅行費などを学校に持っていったのではないでしょうか。逆に言えば、義務教育の段階でも授業料と教科書以外は保護者が負担しなければならないのです。文部科学省の調査によれば、次のグラフから分かるように公立の小学校、中学校でも、それぞれ平均年間約6万円、約13万円がかかります（図10-1）。

日々の生活費や将来の備えなどの他に、このような学校生活で必要となる費用を負担することは決して容易なことではありません。実際、こうした費用の負担が難しいため、国や地方自治体の就学援助を受けている小中学校等の保護者が近年増加してきました。平成25年度は、平成7年度の調査開始以来、初めて前年度から減少したものの児童生徒の15.42％が就学援助を受けています。つまり、約6人に1人以上の児童生徒が経済的に困難な家庭・保護者のもとで生活していることになります。

さらに、現在では、こうした保護者の経済状況が子どもの学力と密接な関係があることが明らかになってきました。読者のみなさんも受けたと思いま

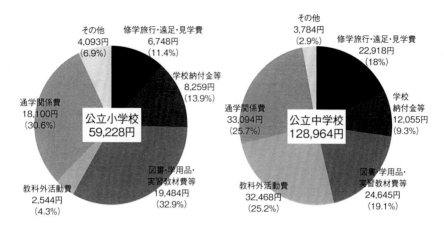

図10-1　公立小中学校の児童生徒にかかる教育費
（出典:文部科学省『子どもの学習費調査』2014をもとに筆者作成）

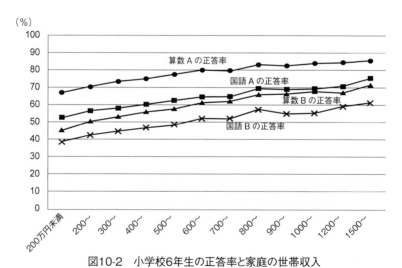

図10-2　小学校6年生の正答率と家庭の世帯収入
（出典：国立大学法人お茶の水女子大学「平成25年度全国学力・学習状況調査(きめ細かい調査)の結果を活用した学力に影響を与える要因分析に関する調査研究」2014年、40頁「図表2-1-65「世帯収入（税込年収）」と学力の関係」のデータをもとに筆者作成）

すが、全国学力テスト（全国学力学習状況調査）の結果（小学校6年生）と家庭の世帯収入の関係を表したのが次のグラフです（図10-2）。

　図10-2のグラフから明らかなように、家庭の世帯収入が多くなるにつれて子どもの学力テストの正答率が高くなり、最大で約20ポイントの差がついています。こうした傾向は、塾などの学校外教育支出と学力テストの正答率でもほぼ同様になっていて、学校外教育費を多く出せる収入の多い家庭の子どもほど、学力が高い傾向にあるのです。

　もちろん、子どもの学力は家庭の収入や学校外教育費だけが影響するわけではありません。でも、子どもにしてみればどうしようもない要因によって学力が影響されることも確かです。このような現状についてみなさんはどのように考えるでしょうか。小学生の時に、親の経済状況によって学力を十分向上させることができなかった子どもにとって、大学進学は手の届く目標になるのでしょうか。確かに、大学進学を希望しなくなれば、教育費はその分かからなくなりますので、「どうしてこんなにお金がかかるのだろうか」という疑問は湧きにくいでしょう。大学進学というような希望を抱かなくなるので、それにかかるお金の問題はなくなる、ということになります。子どもは、どの家庭に生まれるかを選ぶことはできません。それは運命なので仕方のないことなのでしょうか。それとも不公平、不平等なことなので何らかの改善が図られるべきなのでしょうか。

第4節　教育費は誰が、どのように負担するのか

　教育を平等に保障すること（教育の機会均等）に関して、教育基本法は次のように定めています。

　　第4条　3　国及び地方公共団体は、能力があるにもかかわらず、経済的理由によって修学が困難な者に対して、奨学の措置を講じなければならない。

先に見た、就学援助もこの規定を根拠として実施されています。しかし、それだけで十分なのかどうか、そもそも就学援助が必要な子どもたちを支援することになっているのかについて疑問が投げかけられています。

それでは、義務教育段階の後、高校ではどうなっているのでしょうか。

これまで述べてきたように義務教育は授業料（国公立のみ）と教科書が無償です。一方、義務教育ではない高校では授業料を負担する必要があります。しかし、みなさんもご存知かと思いますが、いわゆる高校授業料無償化（現在は所得制限あり）によって公立高校の授業料が無償になり、私立高校にも補助（所得に応じた加算あり）されています。

しかし、先の文部科学省の調査によれば、公立高校で年間約24万円、私立高校では約74万円の学校教育費がかかります。授業料無償化はされましたが、経済格差の拡大や雇用の不安定化のなかで、こうした教育費の負担が困難となり、高校を中退する例も後を絶たないのが現状です。授業料以外の学校教育費を含めた「完全無償化」を求める声も上がっています。

それでは、一番はじめに触れた大学進学を考えるとどうでしょう。

家庭の収入が低迷するなかでも、大学進学率は上昇を続けてきました。現在は大学進学率が5割を超え、すでに大学は一部のエリートのものではなくなっています。逆に言えば、大学に進学するための経済的負担の問題がより多くの人々に関係するようになっているのです（図10-3参照）。

大学教育（高等教育）の費用をどのように負担するかについては、授業料と奨学金を組み合わせて考えることが重要です。両者の組み合わせで分類すると、以下のようなカテゴリーができます。

みなさんは、日本が①から④のどのカテゴリーにあてはまると思いますか。

OECDの分類によれば、「①高授業料・高奨学金」にあてはまる国には、アメリカやオーストラリア、「③低授業料・低奨学金」には、メキシコやフランス、「④低授業料・高奨学金」にはノルウェーやスウェーデンがそれぞれ含まれます。日本は、「②高授業料・低奨学金」にあてはまる国です。つまり、日本は、国際的にみて、授業料が高く、奨学金が充実していない国、

第10章 なぜ学ぶのにこんなにお金がかかるのか？

図10-3 大学の授業料と奨学金の組み合わせ
（出典：OECD, 2014, *Education at a Glance 2014: OECD Indicators*, OECD Publishing を参考に筆者作成）

ということになりますので、家計（保護者、学生本人）が高等教育（大学）にかかる費用を最も負担しているタイプの国といえます。さらに、2016年度までは、公的な奨学金には、貸与型（ローン）しかありませんでしたので、将来、必ず返還しなければなりませんでした。雇用不安が高まるなかでは、特に所得の低い家庭、保護者の学歴が低い（中卒の）家庭では、将来の奨学金の返済に不安を感じて貸与型奨学金（ローン）を忌避する可能性が高いのです。つまり、経済的に余裕がなく大学進学のために奨学金が必要な家庭ほど、奨学金（ローン）を避けるという問題（ローン回避問題）が危惧されます。

第5節　学ぶのは誰のためか

そもそも、教育は誰のために受けるのでしょうか、人は何のために学ぶのでしょうか。第一に、子ども一人一人の能力や個性を伸ばし、幸せな人生を送るためといっていいでしょう。しかし、一方で、多様な、そして高度で専門的な教育をより多くの子どもたちが平等に受けることができれば、その社会は、民主的で、経済的にも文化的にも豊かなものとなるでしょう。つまり、教育は個人（家族）の利益（便益）だけではなく、社会全体にとっても大きな利益（便益）をもたらすものです。そしてもちろん、教育は最も重要

な権利の一つです。

　日本は、戦後、民主的で文化的な国家の礎となる教育を平等に保障することに多くの努力を重ねてきました。しかし、教育は個人の、そして社会のあり方に直接関わる営みです。そのため、さまざまな意見や利害が複雑に絡み合うものでもあります。特に近年は、教育を具体化する費用（教育費）をどのように負担し、配分するのかが大きな社会的争点となってきました。日本のように、子どもの教育には親が責任を持ち、その費用は親が負担すべきであるとの意識が強い社会では、収入が多く、学歴や教育への関心の高い家庭だけではなく、多くの家庭が教育費の負担に耐えながら積極的に子どもの教育に「投資」しています。このような社会的な背景もあって、日本は、OECD加盟国のなかで教育予算のGDP比が最低レベルとなっています。一方で、先に見たような子どもの貧困や教育費負担の重さについての関心が高まり、大学卒業後、所得が一定額を超えるまで奨学金の返還が猶予される所得連動変換型奨学金の充実や給付奨学金が創設（2017年度）されました。

おわりに

　この章では、幼稚園から大学まで、特に大学で多くの教育費がかかること、「当たり前のこと」としてほとんど意識されることのない義務教育にも教育費がかかることを確認してきました。また、「無償」の義務教育においても保護者の負担は決して小さいものではなく、就学援助を受ける家庭も少なくないこと、そして家庭の経済状況は、小学生（児童）の頃から子どもの学力形成に大きな影響を与えていることを踏まえ、その後の進路形成に与える影響について問題提起をしました。

　現在日本では、幼児期、児童期の社会保障や教育の重要性が指摘される一方、子どもが減り、子どもの教育に対する社会の関心が希薄化し、貧困の拡大やグローバル化、情報化など社会の構造的な変化が進むなかで、教育のあり方、そしてその費用の負担のあり方が問われています。そこでは、さまざまな家庭環境、経済状況のなかで今を一緒に生きる他者（友だち）への、そ

して将来を担う他者（子どもたち）への想像力と、そうした他者と一緒に社会をつくっていくのだという創造力が、「私たち」に問われているのではないでしょうか。特に、将来を担うみなさんには、教育とその費用負担のあり方を考えることの広がりと複雑さに興味を持って、さらに学びを深めていくことを期待したいと思います。

●参考文献●

国立社会保障・人口問題研究所『第13回出生動向基本調査』2007年
国立社会保障・人口問題研究所『第15回出生動向基本調査』2016年
小林雅之『進学格差 －深刻化する教育費負担』ちくま新書、2008年
独立行政法人日本学生支援機構『平成26年度学生生活調査結果』2016年
独立行政法人日本学生支援機構『国際シンポジウム報告書　高等教育の費用負担と学生支援―日本への示唆―』2016年
文部科学省『平成21年度文部科学白書　我が国の教育水準と教育費』2009年
文部科学省「平成25年度就学援助実施状況等調査」等結果 2015年
OECD, 2014,*Education at a Glance 2014: OECD Indicators*, OECD Publishing.

第11章
なぜ人は学校以外でも学ぶのか？

はじめに

　私たちが「教育」という言葉を見たり聞いたりするとき、まず思い浮かべるのは「学校」のイメージであり、また、「子ども」のイメージではないでしょうか。人に何かを教え、能力や技術、社会性や人間性を高めていく営みが「教育」であると考えれば、学校以外で「教育」が行われることも論理的に考えて当然あり得るはずです。しかし、原則としてすべての子どもが小学校・中学校に通い、また中学校を卒業した子どものほとんどが高等学校に入学する、という現在の日本の状況に慣れている私たちにとっては、「教育」というと反射的に「学校」または「子ども」が頭に思い浮かぶようになっているのではないでしょうか。

　もちろん、大学や専門学校には通わない（通わなかった）人も相当いますし、これらに通う学生はすでに「子ども」ではないかもしれません。ですが、これらについてもやはり私たちは「学校」として、つまり「教育」の場としてイメージしていることに変わりはありません。

　では、たとえば「親のすすめで近所の塾に通っていた中学生」「自動車の普通免許を取るために教習所で学んだ大人（ちなみに筆者が普通免許を取ったのは、38歳（！）の時です）」といったケースはどうでしょうか。あるい

は、「駅前にあるパソコン教室で表計算ソフトの使い方を学んだおじいさん」「家の近くの公民館で開かれたフラワーアレンジメント講座に通うおばさん」「リストラされたため、再就職めざしてハローワークで紹介された職業訓練を受講したおじさん」といったケースはどうでしょう。やはりこれらの人たちは、何らかの「教育」を受けたといっていいのではないでしょうか。

　これらの人たちが「教育」を受けた場は、私たちのもっている「学校」という一般的なイメージとは異なるかもしれません。そもそも「学校」の定義とは何かを厳密に考えていくと、法律の解釈なども関わってくるので、非常にややこしい議論になりますが、ここでは私たちの日常的なイメージにしたがい、卒業することで「○○高校卒」「△△大学卒」といった学歴を一般的に名乗ることができるような場・施設・制度のことを、「学校」として考えたいと思います。

　そうすると、先ほどの例に挙げたように、私たちが一般にイメージする「学校」とは異なるさまざまな場で、「教育」が行われているといえます。そして、そのさまざまな場での「教育」を受けているのは、決して（塾に通う中学生のような）「子ども」にのみ限られるわけではないのです。この章では、そのような「学校」に限られない、または、「子ども」に限られないさまざまな「教育」の場について、考えてみたいと思います。

第1節　学校以外のさまざまな学びの場

　みなさんのなかには、塾や予備校に通っている（通っていた）という人も多いと思います。これらの場では、基本的に学校で学ぶ内容を前提として、それを何らかの形で補っていくという「教育」がなされているといえるでしょう。

　一方、ピアノやバイオリン、絵画、日本舞踊、新体操等々を小さい頃から習っている（習っていた）という人も少なくないでしょう。他にも、ボーイスカウトやガールスカウトに参加して、頻繁にキャンプや自然体験に関わっていた、という人もいるかと思います。これらの場合は、学校で学ぶことと

はかなりかけ離れた（または全くレベルが異なる）内容を学ぶ場といえます。このような、より専門的な芸術、スポーツ、野外活動などは、一見すると学校の教室・黒板・机でイメージされるような「教育」とはかけ離れてみえるかもしれません。ですが、このような場で教えている先生たちや、通わせている親たちは、子どもの何らかの能力・技術、人間性・社会性を高めようと意図しているわけであり、その意味では、やはりこれらも塾や予備校と同じように「教育」としての側面を持っているといえるでしょう。

学校以外の場で「教育」を受けるのは、子どもに限ったことではありません。むしろ大人こそ、そういった場を積極的に活用しているのではないでしょうか。というのも、一度学校を卒業して、仕事に就いたり家事・育児をしたりしている人にとって、大学や専門学校に正規の学生として入学して学び直すのは（少なくとも日本においては）時間・労力・金銭などの面でかなり大変だからです。自分の興味関心に応じて、カルチャーセンターでさまざまな講義を聴いたり、地域の伝統文化や環境問題を学ぶ公民館の講座に参加したりする、また、仕事や生活上の必要に応じて、英会話やパソコンの教室に通ったり、家庭教育支援のワークショップに参加したりする、といったように、一般的に私たちが考える「学校」の外で、大人の学びはさまざまに展開しています。ふだんあまり意識することがなければ、そのような「教育」の場（あるいは学習の場）が私たちの身の回りにあると気づくこともないでしょう。しかし、新聞の折り込み広告や自治体の広報紙などをほんの少しだけでも注意して読んでみれば、「学校」以外の教育の場が、実はあちこちに溢れているということが分かります。

制度的な「学校」以外で、このようにある程度組織的に行われている教育のことを、日本では戦前から「社会教育」という言葉で表してきました（「社会科教育」とは別物です）。ただし近年ではむしろ、「生涯学習」という言葉のほうをよく聞くかもしれません。たとえば、通信教育をとおしてさまざまな資格が取得できることを謳う「生涯学習のユーキャン」の宣伝を、皆さんもテレビのCMなどで一度は見たことがあるのではないでしょうか。「生涯学習」という言葉は本来、学校での学習やそれ以外の場での学習をすべて包

図11-1　カルチャーセンターの事業
（朝日カルチャーセンター・新宿教室の講座案内パンフレット）
（出典：「朝日カルチャーセンター　朝日JTB・交流文化塾　新宿教室　パンフレット＆新聞掲載講座」https://www.asahiculture.jp/shinjuku/tokushuu/pdf　最終閲覧日2017年3月29日）

括して捉える、非常に広い意味を持った概念です。しかし実際には、「社会教育」と同じ意味で使われていることが多いようです。

　ところで先ほど、「自治体の広報紙」と書きましたが、このような社会教育は、企業や団体が行ったり個人が教室を開いたりするだけではなく、みなさんの住んでいる自治体の行政によっても実施されています。

　たとえば、自分の家の近くに公民館があるという方も少なくないと思います。公民館を単なる地域の集会所、または、部屋を安い料金で貸してくれる施設と思っている人も多いのですが、社会教育を行うことを目的とした、れっきとした教育施設なのです。公民館は現在、日本全国に大小あわせて15,000館ほど設置されており、自治体行政が行う社会教育の場として戦後初期から重要な位置を占めてきました。公民館のホームページを閲覧したり、実際に公民館内の掲示を眺めてみたりすれば、趣味・教養の講座、家庭教育

支援のための講座、環境問題や郷土史などその地域に関わる学習内容を扱う講座、といった多様な学習の場が提供されていることが分かります。これらの講座の多くは、公民館の近隣住民やその自治体の住民であれば、無料か、安価な実費負担で自由に受講することができます。公民館によっては、地域住民が自主的に講座を開催する例も多く見られます。

　この他にも「少年自然の家」「青年の家」「男女共同参画センター」「生涯学習センター」といった名称のさまざまな施設が、社会教育を行うことを目的として設置されています。また図書館、博物館のように、一見、本や資料をただ整理しておいているだけのようにみえる施設も、子どもへの読み聞かせ教室を行ったり、展示物に関連するセミナーを実施したりするなど、さまざまな社会教育の場を提供しています。

　このような行政が設置する（または行政が支援する）学校外の教育の場は、日本だけに見られるものではありません。たとえばドイツでは、フォルクスホッホシューレ（Volkshochschule 「民衆大学」などと訳します）と呼ばれる、正規の学校教育とは異なる施設が各地に設置され、さまざまな内容の学習機会を提供しています。日本の公民館では趣味・教養や地域の問題に関する講座が多いのに対して、フォルクスホッホシューレでは職業資格の講座や、語学講座（主に移民を対象としている）が多いなど、それぞれの国の社会背景の違いによって、社会教育の施設に求められる内容も違ってくることが分かります。

　そもそも先進諸国の中で、日本の「社会教育」という語に正確に対応する語を使っている国はありません。英語圏では、adult education（成人教育：成人を対象とした（教養的な意味の強い）教育）、continuing education（継続教育：若者を対象とした、学校卒業後の職業教育）など、意味あいによって言葉を使い分けており、その使い分けも時代によって変化してきています。

　このように、学校以外の場での「学校」以外で行われている教育をどう呼ぶか、どのような場で行政がそれを支援しているかは、それぞれの国の社会的背景や制度の影響を受けて実にさまざまです。この点で、制度の違いはあってもどの国でもある程度似通った形を持つ学校教育とくらべると、「社

会教育」はやや分かりにくい存在かもしれません。

第2節　学校以外での学びの動機と背景

　では、学校以外でさまざまに学ぶ人々は、どのような動機で教育を受けようとしているのでしょうか。もちろん、具体的に動機の種類を挙げていけば「再就職のため技術を身につけたい」「地域の伝統文化を何とかして支えたい」「純粋に外国文学に関心がある」など、数限りないでしょう。

　このことに関して、フール（Cyril O. Houle,1913-1998）というアメリカの教育学者がかつて、インタビュー調査のデータをもとにして興味深い仮説を立てています。学校以外の場で教育を受ける（主に成人の）学習者は、①目標志向型（goal-oriented）、②活動志向型（activity-oriented）、③学習志向型（learning-oriented）、という概ね三つのタイプに分かれるというものです。

　①の目標志向型は、「資格を取りたい」「実生活に役立てたい」など、明確な目的があり、その手段として教育を受ける、というパターンです。あくまで手段としての教育ですので、このタイプの人は学習する場所や方法についてあまりこだわりを持ちません。

　②の活動志向型は、教育の内容や目的よりも、それを通じて多くの人と話したり、新たなつながりを得たりすることが教育を受けることの実質的な動機となっている、というパターンです。これだけ聞くと、「ずいぶん不純な動機で教育を受けているなぁ」と思う方もいるかもしれません。しかし逆に、学習することが「楽しい」からこそいろいろなことに関心を持ち、その人の視野が広がっていく、という可能性があることも忘れてはならないと思います。

　③の学習志向型は、知識を身につけて仕事や生活に役立てる、人とさまざまなつながりを持つ、といった動機ではなく、「学ぶことそのもの」に魅力を感じている、というパターンです。カルチャーセンターの講座に通う人のなかには、ジャンルを問わずさまざまな内容の講座を次から次へと受けようとする人がときどきいますが、こういう人などは学習志向型の典型かもしれ

ません。

もっともフール自身も、すべての人をこのような3つのパターンにきれいに分けられるとは考えていません。この仮説はあくまで、学校以外で学ぶ人の動機を分析する際の一つの枠組の試みとして提示したものでした。

このように、学校以外で学ぶ人々の実態は、個々人の動機という側面から見ることもできますが、他方で、そのような動機、または、そもそも学校以外の場で学ぼうとするか否かが、個々人の属性（学歴や職業、所得など）によって大きく左右されているという実態もあります。

たとえば、OECD（経済協力開発機構）が2011年～2012年にかけて行った調査のデータからは、調査対象者（16歳以上65歳以下）が過去一年間に学校以外の教育機会（例として「セミナー・ワークショップ」）に参加したと回答した比率が、学歴と強い関連を持っていることが分かります（図11-2）。

また、「学習」をもう少し広く捉えて、普段からどの程度人々が「読書」

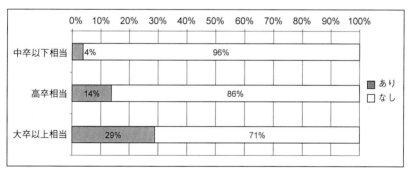

図11-2　過去1年間における「セミナー、ワークショップ」への参加の有無と学歴との関連
（日本における回答結果）

注：実際の調査項目では学歴に関する選択肢はより細分化されているが、ここでは分かりやすくするため3つに大別した。また、「外国の修了資格」は省いて集計した。
（出典：国立教育政策研究所 PIAAC（OECD国際成人力調査）データベース
http://www.nier.go.jp/04_kenkyu_annai/div03-shogai-piaac-pamph.html　最終閲覧日2017年3月22日）

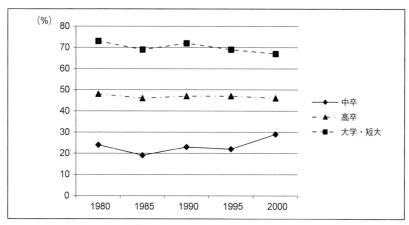

図11-3　学歴別に見た書籍読書率の推移(5年おき)

注1：「書籍」について「読む」「読まない」「その他・無回答」のうち、「読む」と回答した割合を表示。
注2：「読書世論調査」では2003年調査以降、学歴についての質問は含まれていない。
(出典：毎日新聞社『読書世論調査』各年度版をもとに筆者作成)

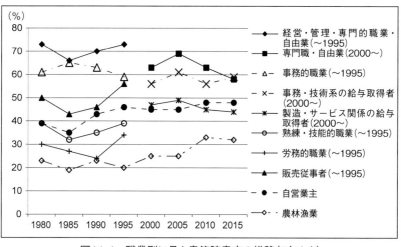

図11-4　職業別に見た書籍読書率の推移(5年おき)

注1：「書籍」について「読む」「読まない」「その他・無回答」のうち、「読む」と回答した割合を表示。
注2：「読書世論調査」では2000年調査の際に職業分類方式が変更されている。
(出典：毎日新聞社『読書世論調査』各年度版をもとに筆者作成)

をしているか、という例についても見てみましょう。図11-3、図11-4は、毎日新聞社が毎年行っている「読書世論調査」のデータを使用して、1980年以降の学歴・職業ごとの読書率の推移を示したものです（データは5年おき。学歴別データは2000年まで）。これをみると、読書への積極性が、学歴や職業によって大きく異なっており、時代が移ってもその傾向がある程度持続していることが分かります。もちろん、「自分は中卒だけれども、週に1冊欠かさずに本を読んでいる」といった人もある程度は存在するでしょう。しかし、このような傾向がデータから導かれるということは、学歴や職業などの属性が、「自分の意志での選択」に明らかに影響を与えていることを示しています。

第3節　学校以外での学びを支援する意味

　学校教育（特に義務教育）以外の場で行われるさまざまな学習活動について、私たちは普通、自分の意志で選択したものだと捉えています（子どもが親に言われて仕方なく塾や稽古事に通う、という場合は別として）。そのため、「ある属性の人々の学習活動が不活発だとしても、他人がとやかくいう必要はない」と考える人は少なくありません。

　しかし、個々人の意志による選択の結果、社会のなかで属性ごとの学習活動の経験の格差が極端に拡大し、さらにはその格差が次の世代へと受け継がれ、固定化されていくとしたら、それは社会全体にとって、果たして見過ごすことのできる問題といえるでしょうか。

　社会教育の機会、つまり学校教育以外での学習の機会を提供する場としては、すでに述べたように、カルチャーセンター、お稽古事の教室、語学スクールといった民間によるものだけでなく、公民館、図書館、博物館、生涯学習センターなどの公共施設（いわゆる「社会教育施設」）もさまざまに存在しています。もし「学習活動の場を提供するサービスは、個人の自由選択に基づくニーズに対応するだけでかまわない」のならば、公共施設は必要なく、個人が教室を開いたり企業がカルチャーセンターを経営したりするのに

任せればいい、ということになるでしょう。しかし、社会教育の機会を「需要と供給の関係」で考えるだけでなく、社会における格差の問題という観点でも考えると、これらの公共施設が設置されている理由が改めて理解できると思います。

とはいっても、これらの公共施設が、人々に学習活動を「強制」することはもちろんできません。むしろ、このような施設の利用自体に、明らかな格差が見られることもあります。例として、都道府県ごとの平均収入と公共図書館での人口あたり図書貸出数の関係を示した図を見てみましょう（図11-5）。都道府県ごとという大まかなデータで示しているので厳密さには欠けま

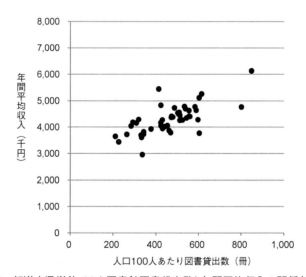

図11-5 都道府県単位でみた図書館図書貸出数と年間平均収入の関係（2014年）
注1：都道府県別の「人口100人あたり図書貸出数」は、図書館法第2条に定められたいわゆる「公共図書館」を対象としたデータである。
注2：都道府県別の「年間平均収入」は、「決まって支給する現金給与額」×12＋「年間賞与その他特別給与額」として算出した。
（出典：日本図書館協会編『日本の図書館:統計と名簿 2014』2015年と厚生労働省統計情報部編『賃金センサス平成26年賃金構造基本統計調査 第4巻』労働法令、2015年をもとに筆者作成）

第11章　なぜ人は学校以外でも学ぶのか？

すが、図書館の利用に経済力がある程度関わっていることが見てとれます。

このように、学習活動の格差は簡単に解消されるような問題ではありません。このことを踏まえながら、「自分の意志で選択」する学習活動の場を、今後どのように整えていくべきかを考えることは、教育学の重要な課題の一つといえます。

これらの公共的な社会教育の機会は、歴史的にもう一つ重要な役割を担ってきました。それは、本来学校において得られるはずの学習機会が不十分であり、その代替手段として社会教育が活用されてきた、という点です。これは特に、第二次世界大戦前、あるいは戦後初期から高度成長期までの自治体が実施する社会教育において、最も強く求められていた役割でした。

その代表的な例が、戦後初期から高度成長期にかけて各地の公民館等で幅広く実施されてきた「青年学級」という事業です。図11-6は当時の青年学級の実際の様子です。映りがやや不鮮明ですが、これは半世紀以上前に出版された本に掲載されていた古い写真であるためです。青年学級では、一般教養や家庭生活、職業技術・知識（特に農業）の他、話し合いを中心としながら地域社会の課題の解決をめざす学習に取り組むケースも多く見られました。

今日においては、中学校を卒業した生徒のほとんどが高等学校に進学しま

図11-6　昭和30年代の青年学級の様子
（左：福岡県久留米市商業青年学級での授業、右：新潟県横越村青年学級での料理実習）
（出典：文部省社会教育局監修、全国青年学級振興協議会編『青年学級・あゆみと展望』大蔵省印刷局、1964年、312頁）

す。しかし戦後初期から高度成長期にかけては、高等学校に進学しない／できない若者も少なくありませんでした。そのような若者にとって青年学級は、学習の場、友人たちとの交流・結びつきの場として、重要な役割を担っていました。青年学級は、学習時間や内容といった点から見たら高等学校に比べて非常に不十分な点が多かったものの、経済的事情などで高等学校に入学できない多くの若者にとっては、かけがえのない教育・学習の場となっていたのです。

このような「学校教育の補完」という社会教育の役割は、高度成長期における高校進学率の上昇にともなって、その役割を小さくしていきました（図11-7）。しかし、「学校教育の補完」という社会教育の役割がなくなったわけではありません。たとえば、日本語や日本の習慣・文化について十分に学ぶ機会のないまま来日して仕事をしている外国人にとって、公民館等で開催される日本語教室は、社会で生きていくための最低限の知識を学ぶための重要

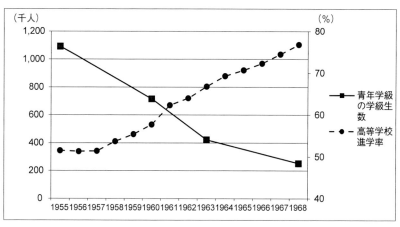

図11-7　青年学級の学級生数と高等学校進学率の推移
注：青年学級の学級生数については、文部省の社会教育調査で確認できる年度のみデータを記した。
（出典：文部省『社会教育調査報告書』各年度版と文部省『学校基本調査報告書』各年度版をもとに筆者作成）

な機会であり、同じ悩みを抱えた者同士が交流できる機会でもあります。また、民間団体が運営しているフリースクールのように、不登校・ひきこもりの子ども・若者を受け入れる施設も、同様の役割を果たしているといえます。

時代の変化につれて「学校教育の補完」として具体的に求められる内容は変わっていくでしょう。しかし、「本来正規の学校教育で学ぶべきことが学べない・学べなかった」という人々は、常に何らかの形で存在します。社会背景の変化を踏まえながら、社会教育の機会がいかにその変化に対応していくべきかを考えるのも、教育学の重要な課題です。

おわりに

多種多様な事例を紹介してきましたので、多少とりとめがなくなってしまいましたが、ここまでみてきたように「学校」の外にもさまざまな形の教育があり、学習があります。これは言われてみれば当たり前のことです。しかし、実際には「教育」と聞いて私たちが思い浮かべるのは、たいてい「学校」のイメージであり、そこに通う「子ども」たちの姿です。そのイメージにのみとらわれていては、社会のなかでさまざまに展開されている教育の実態やその意味を捉えることはできません。

その一方で、「学校以外の場」での学びを、「学校」と関連づけながらとらえていくことも重要です。すでにふれたように、高い学歴をもつ人、つまり学校での学びを順調に進めることができた人ほど、学校以外でも積極的に学習の場に参加する、という例が多く見られます。逆に、学校に適応できなかった人、学校教育を十分に受ける機会が得られなかった人が、フリースクールやかつての青年学級で学ぶといった例も見られます。私たちの社会における教育の中心を占めるのはいうまでもなく学校ですが、その学校での学びをさらに展開させる場、逆に学校の不十分な側面を別の学びで補う場が、時代に応じて変化しながら多様に展開してきたのです。

●参考文献●

国立教育政策研究所編『成人スキルの国際比較：OECD国際成人力調査（PIAAC）報告書』明石書店、2013年

新海英行・松田武雄編『世界の生涯学習：現状と課題』大学教育出版、2016年

津田英二・久井英輔・鈴木眞理編『社会教育・生涯学習研究のすすめ：社会教育の研究を考える（講座　転形期の社会教育Ⅵ）』学文社、2015年

久井英輔「戦後における読書行動と社会階層をめぐる試論的考察：格差の実態の変容／格差へのまなざしの変容」『生涯学習・社会教育学研究』第29号、2004年、1-13頁

福嶋順「公共図書館における子どもの利用と社会階層」『日本社会教育学会紀要』第44号、2008年、73-82頁

松岡広路・松橋義樹・鈴木眞理編『社会教育の基礎：転形期の社会教育を考える（講座　転形期の社会教育Ⅰ）』学文社、2015年

三輪建二『ドイツの生涯学習：おとなの学習と学習支援』東海大学出版会、2002年

Houle, C.O., 1961, *The Inquiring Mind*, Madison: The University of Wisconsin Press.

第12章
なぜ働かないと
いけないのか？

はじめに

　みなさんはこれまで、学校で周りの大人の職業について調べたり、職場体験に行ったり、自分が将来就きたい（と、とりあえずみなした）職業について調べたりしたことがあるでしょう。なぜ学校で「職業」について調べたり考えたりする時間が設けられているのでしょうか？なぜみなさんは学校で「将来なんらかの職業について働く」という前提で、「仕事をすること」「働くこと」について学んでいるのでしょうか？最終章となる本章では、将来、「社会に出て働く」ことがなぜ、みなさんの人生のなかで当たり前のこととして扱われているのか、なぜ働かないといけないのか、ということについて考えてみましょう。「働くこと」は直接、「教育学」に関係がないように感じられるかもしれませんが、「働くこと」について学ぶことは今や、学校教育のなかで行わなければならない事項の一つになっていますし、歴史的に紐解いても、働くことを学ぶ、働き方を学ぶ、働くための技術や知識を学ぶことは、家庭や地域社会、あるいは学校などの特別な機関で古今東西を問わず、常に行われてきたことです。すなわち「働くこと」について研究することも、教育学の重要なテーマの一つなのです。
　学校で職業について調べ、将来、自らが「働くこと」について考えること

や、職場体験に行くことが学校教育のなかで特に重要だとされたのは、2000年代に入ってのことです。しかも、学校教育の中で「働くこと」の重要性を教えていこうとする取り組みは日本に限ったことではありません。その背景には国際的に課題として論争の的になっているニート（NEET：Not in Education, Employment or Training）の問題、グローバル化が進む中で（たとえば「シティズンシップ教育」として議論されているように）自国のなかでどのような「責任」「役割」を果たしながら生きていくのかが問われている状況、「格差社会」に対する危機感、経済界における労働形態の多様化など、社会的、経済的課題が横たわっています。この章ではこうした社会的な状況や課題を踏まえた上で、みなさん一人一人にとっての「働くこと（なんらかの職業に従事すること）」の意味について考えてみたいと思います。

第1節　「労働からの解放」と「労働による解放」

　先ほど述べた通り、現在の日本では「働くこと」が重要な問題として注目を集めています。歴史的にみても、当然のことながら狩猟社会の時代から、「食べるため」になんらかの方法を用いて食料を入手するのみならず、道具を作りだし、あるいは物々交換や貨幣との交換などで道具を手に入れる営みはずっと行われてきました。長きにわたって、家庭での教育も地域での教育も、その地域や家庭に応じた「食べるため、生活するためにできること」を学ぶために行われていたといっても過言ではありません。こうして考えると「働くこと」＝「生きるために不可欠の手段」であり、王族や貴族など、一部の「職業」に従事しなくても食べ物を手に入れることのできた人たちを除いて、食べるため、生きるためには働くことが当たり前と捉えられてきた一面も確かにあります（とはいえ、彼らもまた、王族や貴族として「生きるため」の「役割」を果たすことは求められていました）。

　しかしながらその一方で、「働くこと」が生きるために必須の行為であったとしても、どのような労働に従事するのか、どのような働き方をするのかは、時代や社会、その人の置かれた立場や選択によって大きく異なっていま

第 12 章　なぜ働かないといけないのか？

した。とはいえ歴史的にみれば、日本も含めた多くの国で、どのような働き方をするか、どんな職業につくのかという選択は、働く本人に任されているのではなく、階級によって、あるいは親の職業や本人を取り巻く状況によって決まることの方が一般的でした。また「職業」と一言でいっても、医者、聖職者、法律家などの「専門的な」知識と訓練を必要とするもの、小さな時から親方の元で修行を通して技術を身につけて従事するもの、共同体のなかで日々の生活を通して教えられる労働など、さまざまでした。こうして長きにわたって、日本でもヨーロッパでも職業選択の「自由」は多くの人々には享受できないものである一方で、親や地域共同体の意向に基づいた特定の職業につくための教育・訓練が、さまざまな方法で行われてきました。

　この二つの点、すなわち①「働くこと」が「生きること」と密接に結びつけて考えられていることと、②働き方には個人差があることは、現代日本の「働くこと」をめぐる二つの重要な論点につながっています。まずはこの二つの点に関わる現代的な論点について考えていきましょう。

　みなさんの中にはもしかしたら体験的に理解している人がいるかもしれませんが、男性が定められた一律の労働時間でフルタイム労働に従事する（すなわち女性は基本的に家庭内労働に従事する）といった20世紀型の労働のあり方は、もはや成り立たない時代になっています。産業構造の転換（いわゆる製造業などの第二次産業からサービス業などの第三次産業中心の社会への移行）や、専業主婦家庭よりも共働き家庭が増加している状況などの新しい変化に対応するために、複数の人たちで一つの労働時間や労働内容を分担するワークシェアリングの導入や「働くこと」と「生活」の両立を目指すワーク・ライフ・バランスの促進など、社会全体が新しい労働のあり方を模索しています。そこで目指されているのは、個人を強制的で一元的な「労働」から解放し、自由時間の確保や自己実現の促進など人が「自ら生きる」ことを希求する姿です。これは「労働からの解放」と呼ばれており、「働くこと」＝「生きること」という図式ではなく、よりよく生きるために自分に合った多様な働き方をするという意味での、「働くこと」と「生きること」の関係性を新たに構築していくことを意味しています。

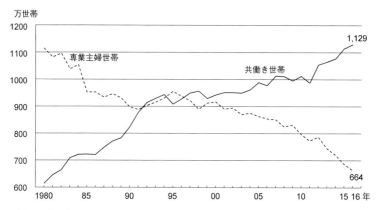

資料出所：厚生労働省「厚生労働白書」、内閣府「男女共同参画白書」、総務省「労働力調査特別調査」、総務省「労働力調査（詳細集計）」
注1　「専業主婦世帯」は、夫が非農林業雇用者で妻が非就業者（非労働力人口及び完全失業者）の世帯。
注2　「共働き世帯」は、夫婦ともに非農林業雇用者の世帯。
注3　2011年は岩手県、宮城県及び福島県を除く全国の結果。

図12-1　専業主婦世帯と共働き世帯の推移（1980-2016年）
（出典：独立行政法人労働政策研究・研修機構「早わかり グラフでみる長期労働統計（II労働力、就業、雇用）」http://www.jil.go.jp/kokunai/statistics/timeseries/html/　g0212.html　最終閲覧日2017年4月13日）

　人々を労働の呪縛から解き放し、自由に生きることを推奨するようにも見えるこの動きは、しかしながら、もう一つの「働き方」に関わる課題によって難しい状況に置かれています。日本に限らず、多くの国々で、先に述べた産業構造の転換が起こり、必要とされる労働者像の変化と必要労働者数の問題などいくつもの要因が重なって、景気や本人の意思とは関係なく失業者が生まれる状況（これを構造的失業と言います）に陥っています。またこの点と関わって、20世紀型の労働観のようにフルタイム労働を基本的な労働のあり方にすることがもはやできない実態を前にして、非正規労働の拡大や働いているのに貧困から脱することができないワーキング・プアの増加など（これを「新しい貧困」と呼びます）、怠惰や忍耐力の欠如など本人のモラルの問題だけで語ることのできない社会的な問題が浮かび上がっています。所

得格差によって子どもたちの教育格差や目標、あるいはやる気を促す「体験」すらも違いが生じてしまうことで、所得格差が世代を超えて引き継がれ、格差社会が生まれるのではないか、あるいはもう生まれているのではないかという危機感が高まっています。このことは格差社会のなかで、社会からはみ出す人、追い出される人が増えてしまう、あるいは固定化してしまうのではないかという危機意識と連動しています。

　こうした危機意識から、人々をどのようにすれば社会から追い出さずに社会に止めておけるのか、あるいは社会に対して責任と役割を自覚し、積極的に関わる人材を育成するために何をすればいいのか、という課題が導き出されています。その一つの対応として「シティズンシップ教育」が注目を集めています。「シティズンシップ教育」はさまざまな言い方で定義することができますが、分かりやすく簡素にまとめたものとして「その社会の成員として要請／期待される徳性や能力（それは論者の立場によって異なる）を「市民性（シティズンシップ）」の要件とした上で、その習得を目標とする教育」というものがあります（仁平2009）。この「要請／期待される徳性や能力」の中に納税や投票などの義務・権利に関する知識をいれる場合もあれば、それだけでなく、たとえば、経済産業省が2006年に出した報告書によれば「成熟した市民社会で自立・自律するために必要な能力」が含まれることもあります。この「シティズンシップ教育」の問題が経済産業省によって検討されていることでも明らかなように、この問題は社会の経済的な側面と不可分に結びついています。

　人々が社会と積極的に関わるために注目されていることの一つが「働くこと」です。すなわち労働の技能の獲得や働くことそのものを通じて、人々が社会に参加できるようにしたらいいのではないかという主張です。これは「労働による解放」と呼ぶことができます。そこには、みんなで共に働くことで連帯感が増し、さまざまな不平等が緩和されるのではないかという期待が込められています。

　今までの説明で、あれ？と思った人もいるかもしれません。そうなのです。一方で「労働からの解放」が主張されつつ、もう片方で「労働による解

放」が望まれているのです。すなわち自由な生き方の模索は大事なことだし、実際の社会状況からも人々が一律な働き方を目指すことは非現実的なので、多様な働き方を推奨する一方で、しかし働かないという選択肢は、(本当に逸脱するかどうかは別にして) 社会からの逸脱の可能性を高めてしまうために、与えるべきではないということになっているのです。このことから、「私たちはなぜ働かなければならないのか」という問いに答えるとすれば、「働かなかった場合、社会からこぼれ落ちる可能性が高まるとされているので、働いたほうが『生存』しやすいかもしれない」というのが答えになります。実際、生活保護を受けられなくて自殺、あるいは餓死したというニュースは後を絶ちませんし、生活保護を受けている人に対して「贅沢」を戒める言説は後を絶ちません。19世紀のイギリスでも「劣等処遇の原則」という「公的な支援を受ける人々は一般の人々よりも低い生活レベルになるような支援にすべきだ」という、ある意味「非人間的」であり極めて「人間的」な原則がシステム化されていました。今の日本の生活保護者をめぐる言説にも、先ほど述べたように、この「劣等処遇の原則」に通じる言葉が溢れています。しかしながら、先ほど「構造的失業」という話をしたように、生活保護受給者の中には、必ずしも本人の問題ではなく、社会の構造的な問題から貧困に陥っている人がいます。そうした人たちに対してのまなざしが冷たいものであり続けるならば、それはそのまま自分たちに返ってくることになるかもしれません。

第2節　「働くこと」と「キャリア」形成

「働くこと」が前提となっているにもかかわらず、誰もが望む職業につけるわけではないですし、「働くこと」自体ができない人もいます。しかしながら、人々が「働けない」「働かない」ことは、国家にとっては困った問題を引き起こします。なぜならば、基本的には働かなければ、その人が最低限の衣食住すら賄えないだけではなく、税金の支払いや社会に積極的に関わって生きていくことが難しくなるからです。とはいえ、国家が個人の「生き

方」に注目し、介入するのは今に始まったことではありません。19世紀以降、日本やヨーロッパでは時期的なずれはありますが、多くの国で公教育制度が整備されました。その時の問題意識の一つが、労働者の全体的な質の向上というものでした。すなわち「一般的な労働者」をどのように育成するのかが社会問題となり、公教育制度が整備される理由の一つになったのです。国家全体の問題として、すなわち「国民」の育成という観点からこの問題が国策の一つとして位置づけられたわけです。国家が安定し繁栄するためには、均一な価値観を持った同質な国民の育成が重視される一方で、産業分野の競争に打ち勝つための職業教育・訓練もまた、大事な問題でした。こうして「働くこと」が個人的な行為ではなく、国家・社会のための行為として広く認識されるようになったのです。個人の労働のあり方が国策の一つとして認識される一方で、人々もまた、多くの場合「働くこと」を当然のものとして受け入れてきました。先ほど述べた20世紀型の労働のあり方はそうした経緯の中で形作られてきたものです。

　しかしながら、第1節で述べたように、社会の変化にともなって、労働のあり方もまた見直しを迫られることになりました。現代的、国際的な課題として、この問題が注目されたきっかけが、いわゆる「ニート」の存在が政策上の課題として示されたことでした。ニートの問題が初めて公的に論じられたのは、1999年にイギリスの労働党内閣府に設置されていた「社会的排除問題ユニット」が出した報告書でした。イギリスでは当時、性別や人種、年齢、宗教などによる差別・格差が問題となっており、こうした人々が社会とうまく関わり持てずに孤立し、排除されてしまっている状況を解決する方途を模索していました。そのなかで無職にもかかわらず教育や職業訓練にも参加していない16歳から18歳の若者に、どのようにして新しい機会を与えて社会参加をさせるかということが議論されたのです。すなわち若者は教育や職業訓練を受けていないならば、働くのが「当然」であるにもかかわらず、イギリス国内に多くの無職の若者がいることが問題となったのです。働かなければ、社会にとって役に立つ存在とはみなされず社会から締め出されてしまうのだから、このままでは彼らの存在が社会にとっての課題となるとして

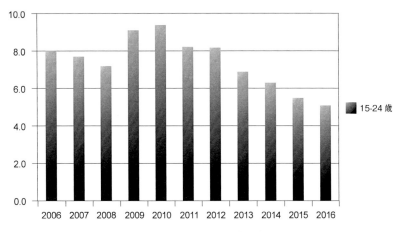

図12-2　日本の15-24歳の完全失業率の推移

(出典:総務省統計「労働力調査(基本集計)平成29年3月分」第17表 年齢階級別完全失業率から筆者作成(2011年については東日本大震災により関連統計等を用いて補完推計を行った結果))
※完全失業率は NEET の概念とは異なるが、日本では NEET 全体に関する公的な調査データがないため、この調査結果を示した。

問題視されたのです。

　同年、日本でも初めて「キャリア教育」の必要性が中央教育審議会（教育に関する政策提言をする委員会）の答申の中で主張されました。当初、「キャリア教育」とは「子どもたちの職業観・勤労観を育成し、主体的に進路を選択する能力・態度を育てること」と捉えられていました。すなわち、「働くこと」の重要性や意味を子どもたちに教え、将来、「働かない」という選択肢を選ばないようにする教育が推進されたのです。さらに2003年には文部科学省、厚生労働省、経済産業省が共同して「若者自立・挑戦プラン」を策定し、政府、地方自治体、教育界、産業界が一体となって「若者が自らの可能性を高め、挑戦し、活躍できる夢のある社会」と「生涯にわたる自律的な能力の向上・発揮ができ、やり直しがきく社会」の実現を目指すとされました。その重要な柱に「キャリア教育」が据えられました。

　おそらく多くの人が「ここで言われているキャリアって何だろう」と疑問

第12章　なぜ働かないといけないのか？

に思っているのではないかと思います。実は、1999年にその教育の重要性が主張されながらごく最近まで、多くの人が今のみなさんと同じように、ここで言われている「キャリア」とは何かについて疑問を抱きつつ、さまざまな意味を込めて使ってきました。2006年には文部科学省によって「キャリア」は、「個々人が生涯にわたって遂行する様々な立場や役割の連鎖及びその過程における自己と働くこととの関係付けや価値付けの累積」と定義され、2011年には「人が、生涯の中で様々な役割を果す過程で、自らの役割の価値や自分と役割との関係を見出していく連なりや積み重ね」と定義されています。もう少し、言葉をかえて言えば、人は生まれてから亡くなるまで、その場面場面で年齢や状況に応じた立場や役割が与えられており、その立場や役割に主体的に取り組んでいくなかで、「自分らしい生き方」を作り出していく様子を指しています。そして重要なことは、最終的には「働くこととの関わりを通して個人の体験のつながりとしての生き様」が「キャリア」であるとされており、「キャリア教育」も、当初主張されたような「職業観・勤労観」の育成や進路の選択だけではないとされながらも、「一人一人の社会的・職業的自立に向け、必要な基盤となる能力や態度を育てることを通して、キャリア発達を促す教育」とされるなど、「働くこと」がその前提となっているのです。

　私たちは、このように労働のあり方が新たに模索され、自らが主体的に生きるためのキャリア形成が推奨される時代に生きています。しかしながら、だからといって「働かない」選択肢をとることはかなり危険を孕む、とあちこちで主張されているということが分かっていただけたと思います。「働きなさい」と大人がいうとき、それはさまざまな意味が込められていると思いますが、もしかしたらそのなかには、みなさんが社会から追い出されないように、社会のなかで生きていけるようにという願いが込められているのかもしれません。

第3節　「働くこと」のルール

　ここまで「働くこと」が前提にされている現状についてお話ししてきました。それでは、みなさんは働くことに関するルールについて、どのくらい知っているでしょうか。何のために、どんなルールがあるのか、それを知ることは、「働くことは何か」「なぜ働くのか」という問いに対する答えを導く参考になるかもしれません。ここでは、働く意義や意味を考える前に、働くルールについて考えてみたいと思います。

　日本には労働に関する法律がさまざまに規定されています。たとえば「労働基準法」という法律があります。この法律はそれこそ読んで字の如く、労働の基準となる法律であり、日本で働くための基本ルールがこの法律で定められています。これからそれらのルールについて見ていくことにしますが、その前に、どうしてこのようなルール（法律）が必要なのかについて説明しておきましょう。日本だけでなく、資本主義の社会では、「私有財産制」と「契約自由の原則」を社会の基本原理としています。「私有財産制」とは、自分で稼いだお金、生み出した資産は自分のものであることが保障される制度であり、「契約自由の原則」とは、契約者同士が納得すれば、契約内容に制限はなく、自由に決められるという原則です。社会全体の基本原理ですから、働くこと、労働にも当然適用されることになるはずです。つまり、自分が働いて稼いだお金は自分自身のものであることが保障され、雇う側と雇われる側がお互い納得していれば、どんな契約でも自由、ということです。

　さて、ここで少し考えてみましょう。資本主義の基本原理がそのまま労働に適用されたら、一体どういうことになるでしょうか。「私有財産制」については特に問題なさそうです。逆にこの原則がなかったら、誰も働きたいとは思わないでしょう。では、「契約自由の原則」はどうでしょうか。お互い納得して契約するのだから、一見何の問題もないような気がします。しかし実際には、労働にこの原則を適用すると大変なことになるということを、歴史が教えてくれています。その昔、現在のような労働法のない時代がありま

した。その時代の労働契約は、それはひどいものでした。雇われる側である労働者はその経済的な力が弱いために、経済的な力のある雇う側・使用者の提示する条件に従わざるを得ず、その結果として基本的人権が脅かされるほど低い条件の契約が結ばれ、しかも、その契約が合法であると認められたのです。労働基準法などの労働に関する法律は、このような過去の苦い経験を踏まえ、資本主義の基本原理のうち契約自由の原則に関して制限や修正を加えるものとして定められました。労働の基本ルールを定めた労働基準法第1条にはこう書かれています。

　　労働条件は、労働者が人たるに値する生活を営むための必要を充たすべきものでなければならない。
　　この法律で定める労働条件の基準は最低のものであるから、労働関係の当事者は、この基準を理由として労働条件を低下させてはならないことはもとより、その向上を図るよう努めなければならない。

　では、この条文に書かれているような人たるに値する生活のための必要最低限の労働条件とはどんなものなのか、労働の基本ルールを具体的に見ていくことにしましょう。とはいっても、労働基準法を中心とした労働の基本ルールは非常に広範囲に亘るため、すべての内容を説明しようとすると膨大なものになってしまいます。そこでここでは、基本の中でも中心となる２本の柱、「労働時間」と「賃金」を取り上げようと思います。「労働時間」とは、文字どおり「働く時間」に関するルール、「賃金」とは労働の対価としての金銭、簡単に言えば給料やバイト代などの「お金」に関するルールのことです。
　最初に「時間」に関するルールを見ていきましょう。これまでに、学校の授業だけでは足りず、塾に通い、自宅で参考書を開き、夜遅くまで勉強したという経験はないでしょうか。人によって勉強時間が違うのは当たり前のことです。学校の授業だけで限界という人もいるでしょうし、寝る時間以外はすべて勉強に費やしたというツワモノもいるかもしれません。ただいずれに

しても、勉強であれば本人のやる気次第でいくらでもすることができます。しかし、これが労働になると話は違ってきます。労働時間は、1日8時間を超えてはならないと労働基準法で明確に定められているのです。どれほどやる気があっても、8時間を超えて働くのは基本的に法律違反となります。さらに言えば、1週間で40時間を超えることも許されません。これは1日の労働時間が8時間であれば、1週間のうち2日は休日にしなければならないという計算になります。現在は主流になっている週休2日制という働き方は、労働時間が1日8時間、1週間40時間を超えてはならないというルールの対応策として生まれたものです。労働基準法の制定当初、1週間の労働時間の上限は48時間でした。それが法改正されて段階的に40時間に移行していき、その過程で、それまで週1日だった休みが、休日1日と半日勤務、そして週休2日へと変わっていきました。学校も現在では土日がお休みになっていますが、以前は土曜日の午前中には授業がありました。もちろん、勉強は労働ではありませんから、労働基準法改正で学校が土曜休日になったわけではありませんが、原因になったと主張する人たちもいます。それに、学校で学ぶ人たちには関係なくても、学校で働く人たちには労働時間の上限が適用されます。そう考えれば、やはり学校も無関係とは言えないでしょう。「労働時間」に関するルールがどれだけ多くの人々の生活に影響を及ぼすか、この例でお分かりいただけるのではないでしょうか。

　労働時間について考えるときに避けて通れないのが過労死問題です。「過労死」とは、長時間労働による働き過ぎが原因で脳や心臓に疾患が生じ死に至ることを指した言葉です。最近では、働き過ぎで精神に疾患が生じ、それを原因とする自殺も過労死のなかに含まれるようになってきました。日本では長い間社会問題として取り扱われていますし、まったくうれしくはありませんが、英語でも「KAROSHI」で通用するのだそうです。1日8時間が上限のはずなのになぜ、という声が聞こえてきそうです。確かに、労働時間は1日8時間、1週間40時間までと法律で定められていますが、その時間を超える働き方も同じ法律で認められています。なぜ認めているかというと、社会にはさまざまな仕事があり、それぞれに応じた働き方があるのに法律で

すべてを一律にしてしまうのはあまりにも非現実的だという理由から、多種多様な働き方に対応できるようするために基本ルールの例外を設けているからです。でもそれ以前に、1日8時間までという基本ルールなど最初から無視する人もいますし、そんなルールがあること自体を知らないという人すらいます。無視しているならまだしも、知らずに長時間働き続け過労で倒れてしまうなど、悲惨としか言いようがありません。そうならないために最低限のルールが定められているわけですから、そのルールを知っておくことは、自分自身を守ることにつながるはずです。これから先どのような仕事に就くにせよ、「労働時間」に関するルールは、是非知っておいてほしいと思います。

　次は「賃金」についてです。時給いくらだったら働きますか、と質問された場合、みなさんならどう回答するでしょうか。誰もやりたがらないような危険な仕事や、特別のスキルや資格が必要な仕事であれば、単価が高くないと働きたくないと思うでしょうし、誰でもできる簡単な仕事や、みんながやりたいと思うような仕事ならば、少々単価が低くても働いてみようと思うのではないでしょうか。

　さて、単価に関するルールですが、お金がありすぎて人たるに値する生活を営むことができない、なんてことはありませんから、時給単価が高いことに関してはルール上の制限はありません。当事者の同意があれば、時給1億円の労働契約も締結可能です。逆に、低い時給単価については、踏み越えてはいけない下限が存在します。この踏み越えてはいけない最低限の賃金を「最低賃金」と呼びます。この最低賃金は、最低賃金法という特別の法律によって定められており、一部の特殊事例を除きすべての労働者に適用されます。ただし、適用される賃金額は、地域ごとで物価などに差があり、全国一律では支障があるという理由から、各都道府県に設置された地方最低賃金審議会で審議され、毎年10月頃、その賃金額が改定されています。ちなみに、平成28年10月現在で最も高いのは東京都の932円、最も低いのは宮崎県と沖縄県の714円となっています。

　なぜ、ここまでの手間をかけて最低賃金を定めているのでしょうか。本当

にやりたい仕事ならば給料が安くても全然平気、という人もいることでしょう。職業の選択方法は自由であることが保障されていますから、金銭に関する条件は重要視せず、やる気ややりがいを重視して選択してもなんら問題ありません。もっと言えば、金銭面のみで職業選択をするべきではないとさえ言えます。ただここで間違えないでほしい大事なことがあります。それは、なにを条件にするにせよ、自分で「選択できる」ということです。もう少し具体的に考えてみましょう。お金に困っていない人であれば、金銭に関する条件などは考慮せずに、やりたい仕事、興味のある仕事のみを選択することができます。生活するためにどうしてもお金を稼ぐ必要がある人でも、他の人が持っていない特技や能力があれば、自分の求める仕事を選択できる可能性は高まるでしょう。では、どうしてもお金を稼ぐ必要があるけれど、仕事を選べるほどの特技や能力を持たない人はどうなるでしょう。この場合、残念ながら職業選択の余地はありません。とにかく仕事があれば何でもよい、ということになってしまいます。今度は雇う側の視点から考えてみると、求める能力に違いがなければ、できるだけ給料（賃金）が安く働いてくれる方を選びます。仕事があれば何でもよいという人と、できるだけ安く働いてほしいという人が出会ったらどうなるでしょうか。賃金額は際限なく低くなり、最終的には常軌を逸した金額でも仕事がありさえすればよい、という悲惨な状況が生まれます。それゆえに、踏み越えてはならない最下限の賃金額が定められました。法律が保障する「人たるに値する生活を営む」ための最低限の金額を定めておくことで、職業を選択する余地がない人でも安心して働くことができるようになったのです。

　働くことにもルールがあることがみなさんにも分かってもらえたかと思います。ルールがあってもそれを知らなければ、あるいは雇用者と被雇用者がお互いにそれを守ろうとしなければ、うまく機能しません。またこの働くルールは社会状況が変われば変更される可能性があります。そのため、今回、述べたルールも変わる可能性があります。この点も踏まえて、自分を守るルールについてしっかり学び続けることが大切です。

第12章　なぜ働かないといけないのか？

おわりに

　ここまでお話ししてきたように、私たちが「働くこと」は個人的な問題というだけではなく、国家にとって社会にとって非常に重要な問題なのだと認識されていることが分かっていただけたかと思います。「働かない」人と「働けない」人は、「働くこと」に対しての意識は全然違いますし、社会が彼らをどのように受け止めるかということに関しても、異なる対応をすべきだという主張がされているにもかかわらず、現実的には多くの場合、同じように社会にとっての「課題」になるとして、対策の対象になっています。だからこそ、「キャリア教育」が必要だとされ、学校教育の中で「働くこと」の大切さを教え、「働くこと」を自分の未来像の中に位置づけて、自分が納得できる労働のあり方を考えていく教育が展開されているのです。さらには、実際に働いている人の権利や健康を守るために、法律でさまざまなルールが作られてもいます。

　確かに一部の人たちはこうした教育で「働くこと」を肯定的に受け止め、また自分の希望するような働き方ができ、働きながら何か問題が起こった時に守ってもらえるかもしれません。しかしながらこうした教育を受けてなお、「働くこと」ができない、あるいは希望する働き方とは違う形になっている人もいます。どうして上手くいかない人がいるのか、何が原因なのか、どうすれば上手くいかない人が、「ちゃんと」働けるようになるのか、そのために教育は何ができるのか。こうしたことを考えることは教育学の重要な課題です。なぜなら教育学は教育に関係する社会の矛盾や難しさを解明し、何が課題なのかを考え、その課題を解決するためにどうすればいいのかを考える学問だからです。

　「働くこと」が社会の中で役割を果たし自分らしく生きることの前提とされている状況のなかで、将来、「ちゃんと」仕事に就いて働くために、今学ぶべきことは何か、自分が何を身につければいいのかを考えることが求められています。今の社会のなかで、「学ぶこと」と「働くこと」はこのように

連動しています。何をどのように学んだかが、自分の道を形作ることになりますし、それは「働くこと」を「自分らしく生きること」と結びつける重要な鍵にもなります。みなさんもぜひ、「働くこと」の自分にとっての意味をしっかりと考えてみてください。

●参考文献●
我孫子誠男・水島治郎編著『労働　公共性と労働―福祉ネクサス』勁草書房、2010年
経済産業省『シティズンシップ教育と経済社会での人々の活躍についての研究会報告書』経済産業省、2006年
小泉令三・古川雅文・西山久子編著『キーワードキャリア教育：生涯にわたる生き方教育の理解と実践』北大路書房、2016年
国立教育政策所生徒指導研究センター編『キャリア教育のススメ：小学校・中学校・高等学校における系統的なキャリア教育推進のために』東京書籍、2010年
仁平典宏「〈シティズンシップ／教育〉の欲望を組みかえる－拡散する＜教育＞と空洞化する社会権」広田照幸編著『自由への問い5　教育――せめぎあう「教える」「学ぶ」「育てる」』岩波書店、2009年、173-202頁
広田照幸・宮寺晃夫編著『教育システムと社会――その倫理的検討』世織書房、2014年
本田由紀編著『転換期の労働と「能力」』大月書店、2010年
渡辺三枝子・鹿嶋研之助・若松養亮著『学校教育とキャリア教育の創造』学文社、2010年

おわりに　本書を読み終えたみなさんへ

　ここまで読んできて、みなさんは今、何を感じているでしょうか。教育についての疑問が解消されたでしょうか。それともますます謎が深まったでしょうか。いずれにしろ、この本を手に取る前よりも、教育や教育学に興味を持ってくれていると嬉しいです。
　私たちのほとんどは、覚えていないほど小さな頃から、誰かに明確な意図を持って育てられてきました。まだ十数年という長い人生からすれば短い期間ではあるものの、その期間の多くの時間を教育に関わる営みのなかで生きています。その意味でみなさんにとって（人間にとってと置き換えてもいいかもしれませんが）、教育は非常に大きな意味を持っている事柄の一つといえるでしょう。現在、私たちには社会で生きるためのさまざまな「権利」があるとされていますが、「教育を受ける権利」はそのもっとも根幹的な権利の一つだと主張する人たちもいるほどです。そのため、「教育を受けないこと」「教育を受けられないこと」は個人的にだけではなく社会にとっても非常に由々しきことと受け止められ、世界的にその権利を保障するための政策や方法の模索が続けられています。一方で今日、日本の場合、「教育を受ける場所」が特に義務教育段階では、学校教育法第1条に記載されている「学校」に限定して考えられていることから、「教育を受けること」と「学校に行くこと」が同じ意味をあらわす言葉のように使われることも多々あります。
　しかしながら世界に目を向けると、「教育を受ける場所」は必ずしも「学校」とは限りません。義務教育であっても学校以外の場所や方法で受けることが法的に許されている国もあり、学校は教育を受ける場所の一つに過ぎません。こうした点に注目すると、「学校」と一口に言っても、国によって、社会によってその意味は異なっていることが分かるでしょう。教育学が日本

のことだけではなく外国のことを対象にする理由はここにあります。私たちが「常識」だと思っていること、「当たり前」過ぎて疑問に思わないことも、違う国や社会から照らして見てみると、新たな発見があったり、その意味を問い直す必要が生まれたりします。またいわゆる「義務教育」が多くの国で法的に規定されてから、まだ200年も経っていません。日本において、現在のように小学校と中学校が義務教育として規定されたのは第二次世界大戦後のことです。私たち人間の長い歴史のなかで、法的に規定されている学校が教育を受ける場所の中心的な存在とみなされるようになったのはごく最近のことなのです。なぜ国が教育を「義務」化したのか、なぜ今は小学校と中学校なのか。こうした疑問も歴史を知らなければ理解できません。これが理解できないと、「なぜ私たちは学校に行かないといけないのか」という問いにも答えることができません。他にも歴史を知らなければ、行われていることの意味がよく分からない事柄もあります。たとえば、現在、道徳の教科化をめぐってさまざまな議論が行われていますが、なぜそもそも、道徳が教科ではなかったのか、そしてなぜ今、道徳の教科化の実施をめぐって多くの人たちが問題提起しているのか、ということをみなさんは理解できているでしょうか？空間としての横軸と時間軸である縦軸を広げて、さまざまな角度から「教育」（けっして学校のことだけではありません）について検討するのが教育学という学問です。

　本書を執筆しているのはいずれも教育学を研究している研究者か教育学を学び教育に関わる仕事についている人たちです。そのアプローチの仕方、問題との向き合い方は人それぞれで、差し迫っている教育課題の解決方法をスピーディーに示すことを志している人もいれば、長きにわたって課題であり続けている教育事象について、未来を展望することを目的に研究し続けている人もいます。また当たり前とされている日常に潜む教育課題を見つけ出し、問題提起をすることを使命として研究している人もいます。そのため、教育学が社会に対して果たす役割を一言で表すことは難しいですし、教育課題に対する「処方箋」ともいえる解決方法を示すことだけが教育学の役割でもありません。それら全てを含み込んで、「教育とは何か」「教育にはどのよ

うな意味があるのか」を問い続け、最も説得力のある説明を示すのが教育学に課せられた役割なのです。

　ここからは私の個人的な意見ですが、いろんな研究者がそれぞれの目的に応じて教育の過去・現在・未来について研究することで、全体として教育学が、これまでの教育についてのできるだけ正確な地図を描き、それを踏まえて現在地を確定しつつ現在の状況を解明し、見据えるべき未来へと至る過程を提示する、これが教育学の学問としての役割なのだと思っています。これはけっして一人で成し得ることではありませんし、みなさんも含めたさまざまな立場や考え方を持つ人たちとの議論を通して作られていくものだと思っています。みなさんのうちの一人でも多くの人が、教育と向き合い、教育について考えたいと思ってくれるといいなと思います。

　巻末の執筆者一覧に、各執筆者からのみなさんへのメッセージを付けました。私たちの多くは日常的に大学生や大学院生を相手に講義や研究指導をしているので、本書を初めて教育学にふれる人、とりわけ「高校生向け」としておきながら、高校生が何を求めているのかを掴むことに苦労しました。結局は大学生の人たちに高校生のときはどんなことを感じていたのか、ということを聞きながら本書を作成しました。学生さんの話を聞いて、自分たちと同じような悩みや思いを抱えているのだなと思ったり、逆にSNSやインターネットなど、自分たちの高校生時代にはなかったツールがみなさんたちにとってとても大きな存在になっていることなど、時代の違いを感じたこともありました。試行錯誤しながら作成した本書ですが、みなさんの興味関心、あるいは疑問に少しでも答えられていれば本望です。本書を読んで少しでも教育学に興味・疑問を持った人は、ぜひ教育学を大学で学んでみてください。本書がみなさんと私たち教育学研究者を、そしてみなさんと教育学をつなぐものになることを願っています。

　2017年5月　賑やかなキャンパスに響く学生たちの声を聞きながら

三時眞貴子

●● 編著者一覧 ●●

【編者紹介】

小川佳万（おがわ よしかず）……………………………… はじめに、第9章

広島大学大学院教育学研究科教授（比較国際教育学）。最終学歴：名古屋大学大学院教育学研究科博士後期課程単位取得退学。博士（教育学）。広島大学大学教育研究センター助手、東北大学大学院教育学研究科助教授、准教授、教授を経て現職。主要著作：『社会主義中国における少数民族教育―「民族平等」理念の展開―』（東信堂、2001年）、『アジアの教員―変貌する役割と専門職への挑戦―』（共編、ジアース教育新社、2012年）

〈みなさんへのメッセージ〉

私はよく外国に行き、学校を訪問したり、先生や生徒さんとおしゃべりをしたりします。その際、彼らの見方や考え方に「ハッ」とさせられる経験をします。それは私が彼らの「生」に触れられたと感じ、もっと彼らを知りたいと思える瞬間です。

三時眞貴子（さんとき まきこ）…………………………… 第1章、第12章、おわりに

広島大学大学院教育学研究科准教授（西洋教育史）。最終学歴：広島大学大学院教育学研究科博士課程単位取得退学。博士（教育学）。広島大学大学院教育学研究科助手、尚絅大学講師、愛知教育大学准教授を経て現職。主要著作：『イギリス都市文化と教育―ウォリントン・アカデミーの教育社会史―』（昭和堂、2012年）、『教育支援と排除の比較社会史 ―「生存」をめぐる家族・労働・福祉―』（共編、昭和堂、2016年）

〈みなさんへのメッセージ〉

私が大学で教育学を選んだ理由は、中学時代に不登校になるほど学校生活に馴染めなかったのに、高校生活は最高に楽しく過ごせたのがなぜなのかを解明したかったからです。みなさんの「なぜ」をぜひ学問として学んでみてください。

【執筆者紹介】

中坪史典（なかつぼ ふみのり）　………………………………… 第2章
　　　　広島大学大学院教育学研究科准教授（幼児教育学）
　　　　〈みなさんへのメッセージ〉

> 教育の質は、子どもの学力だけでなく生涯にわたっていろいろな影響を与え、人生成功の鍵となります。とは言え、質の高い教育とは何かという問いに対する答えは、決して一様ではありません。その奥深さこそ、教育学を学問する魅力の一つとなるでしょう。

吉田成章（よしだ なりあきら）　………………………………… 第3章
　　　　広島大学大学院教育学研究科准教授（教育方法学）
　　　　〈みなさんへのメッセージ〉

> 教育学の魅力は、「どうしたら教育がよりよくなるのだろう」という多くの人と共有しうるテーマに、みなさん自身の問いや関心からさまざまなアプローチをとることができるところにあります。みなさんはどんな問いや関心を持っていますか？

曽余田浩史（そよだ ひろふみ）　………………………………… 第4章
　　　　広島大学大学院教育学研究科教授（教育経営学）
　　　　〈みなさんへのメッセージ〉

> 自分づくり、集団づくり、学校づくり、地域づくり、国づくり、平和づくり…等々、未来をつくる課題に向き合うとき、「教育」「学習」の視点が欠かせません。教育や学習をどのようにとらえるかによって未来が変わります。

曽余田順子（そよだ じゅんこ）　………………………………… 第4章
　　　　呉共済病院看護専門学校非常勤講師　プロ・コーチ（教育経営学）
　　　　〈みなさんへのメッセージ〉

> 「人が主体として生きていく」ことをダイレクトに問えるということが、教育学の魅力だと思います。「他者と関わりながら、自分の人生を自分がいかに創るか」と自分に問いかけたとき、教育学はぐっと身近になります。

山田浩之（やまだ ひろゆき） ……………………………………… 第5章

広島大学大学院教育学研究科教授（教育社会学）

〈みなさんへのメッセージ〉

学校で不思議に思うことはないでしょうか。まず、身近な教育に関する問題を考えてみませんか。もちろん教育は必要なものですが、教育で生じる問題も数多くあります。その問題の根源を探るのが教育学の第一歩です。

櫻井里穂（さくらい りほ） ……………………………………… 第6章

広島大学教育開発国際協力研究センター准教授（比較国際教育学）

〈みなさんへのメッセージ〉

みなさん、こんにちは、みなさんは自分のことが好きですか。第6章では、自尊心（自尊感情）がいじめや生活環境とどう関係するのかを説明します。自分のことが、客観的に見られるようになる一助となればと思います。

山口裕毅（やまぐち ゆうき） ……………………………………… 第7章

環太平洋大学次世代教育学部講師（教育哲学）

〈みなさんへのメッセージ〉

「教育といえば、どのようなことが思い浮かびますか。教育に関心がある人も、さらには将来、教師になろうとする人も、教育のイメージを広げて、深めてもらえたらと思います。みなさんの学びの一助になれば幸いです。」

姜姫銀（かん ひうん） ……………………………………… 第8章

広島大学大学院教育学研究科博士課程後期在学（比較国際教育学）

〈みなさんへのメッセージ〉

最近、「国際化」と「グローバル化」ということばをよく耳にします。パソコンを開けば世界中の情報や様子がリアルタイムで伝わるし、海外への旅行や留学、就職なども珍しいことではありません。「教育学」を学ぶことで、このようなグローバル時代の生きる道標が見つかると思います。

滝沢　潤（たきざわ　じゅん）……………………………………………… 第10章

広島大学大学院教育学研究科准教授（教育行財政学）
〈みなさんへのメッセージ〉

後から振り返ると、学生時代はとても濃密で、何気ない日常が何十年後も鮮明に思い出されると思います。そうした「今」を大切にしながら、「これから」に向けて、いろいろなことに関心を持ち視野を広げていってください。この本がそのきっかけになれば幸いです。

久井英輔（ひさい　えいすけ）……………………………………………… 第11章

広島大学大学院教育学研究科准教授（社会教育学）
〈みなさんへのメッセージ〉

「教育学」は、学校や教員についてだけ考える学問ではありません。高校・大学を卒業した後も、実際には多くの人が何らかの形で「学んで」います。そのような多様な「学び」にも目を向けることで、「教育」に対する見方はがらっと変わります。

三時範裕（さんとき　のりひろ）……………………………………………… 第12章

社会保険労務士（日本東洋教育史研究室出身）
〈みなさんへのメッセージ〉

何事にも入口はあるものです。この書を手に取ったあなたは、今、教育学の入口に立っています。ここからさらに深淵に足を踏み入れるか、読み終わりを出口にするかは、あなた次第。さあ、まずは一歩踏み出しましょう。

「教育学」ってどんなもの？		ISBN 978-4-319-00298-6

平成29年8月14日　第1刷発行

編著者	小川佳万 ©
	三時眞貴子 ©
発行者	協同出版株式会社
	代表者　小貫輝雄
	〒101-0054　東京都千代田区神田錦町2-5
	電話：編集 03-3295-6291　営業 03-3295-1341
印刷者	協同出版・POD工場
	振替 00190-4-94061

乱丁・落丁はお取り替えします。定価はカバーに表示してあります。
本書の全部または一部を無断で複写複製（コピー）することは、著作権法上での例外を除き，禁じられています。